Algo Nuevo Está Sucediendo

La vida y los tiempos de Naftali Bennett

Moshe Pitchon

21stCenturyJudaism.com

*A Keren or y Sivan. Mis dos
bellas hijas, por dentro y por fuera.
Ustedes son la bendición de mi vida*

Prefacio a la versión en español

Aunque vivo desde hace muchos años en los Estados Unidos debo una gran parte de mi formación académica a la Facultad de Filosofía y Letras de la Universidad de Buenos Aires. Este magnífico centro educativo me proporcionó los elementos vitales para la investigación y comprensión de las ideas que los seres humanos somos capaces de elaborar.

Aunque he estudiado en otras universidades en diversas partes del mundo no sólo guardo en mi memoria, sino que reconozco en muchos de mis pensamientos "la mano" de profesores como la del director del instituto de Historia de la UBA Antonio Pérez Amuchástegui y el filósofo Víctor Massuh entre los muchos otros que me han influenciado.

En la Universidad Hebrea de Jerusalén donde anhelé estudiar desde que había tenido la oportunidad de mantener una serie de encuentros en 1964 con el gran filósofo Martin Buber, tuve la suerte de conocer al profesor Yosef Ben-Shlomo.
Si bien las clases que tomé con él fueron sobre Kant, el profesor Ben-Shlomo, a quien cito en este libro, fue el primero en abrir mi mente hacia la comprensión del porque del nacionalismo israelí y los territorios.

Aunque en la Argentina también estudié en el Seminario Rabínico Latinoamericano, mi mayor influencia provino de los profesores visitantes del Seminario Teológico Judío de Nueva York.

Influyó especialmente en mí el Rabino Jacob Bernard Agus-con quién mantuve durante diez años una correspondencia epistolar (la que hoy se encuentra en los archivos del Seminario en Nueva York). El rabino Agus me ayudó a comprender que la religión judía es evolutiva y no estática.

Recientemente y en un encuentro casi fortuito en la Florida conocí a dos excepcionales médicos israelíes que estaban abocados en proveer ayuda médica a civiles sirios que se acercaban a la frontera que Siria tiene con Israel, en busca de ayuda médica.

Con su país azotado por una de las guerras civiles más trágicas de nuestra generación, la supervivencia de miles de civiles sirios, ancianos, mujeres y niños se debió a la labor humanitaria del Dr. Salman Zarka- primer druso en dirigir un hospital israelí, el Centro Médico Ziv y hoy "zar de la pandemia" en Israel.

Gracias a la labor del Dr. Zarka y otros como el doctor Alejandro Roisentul- director del departamento Maxilofacial del hospital Ziv- quien en agosto de 2017 fue declarado "Ciudadano Ilustre de la ciudad de Buenos Aires," debido a su labor profesional con los heridos sirios, descubrí una cara poco comentada de Israel.

El hecho de que ambos me permitieron colaborar con ellos en la difusión de unos de los aspectos de la labor humanitaria que Israel despliega a través de más de cuarenta países alrededor del mundo, me ha permitido comprender mejor el papel que Israel desempeña en los asuntos humanos.

El Señor Cónsul General de Israel en
Alabama, Mississippi, Florida y Puerto Rico y hoy
Portavoz del Ministerio de Asuntos Exteriores de Israel,
Lior Haiat, me abrió otra puerta para comprender aún
más el laboratorio multicultural que es el moderno
Estado de Israel.

Si las personalidades de los tres israelís
a los cuales acabo de referirme solicitan no solamente la
seria reconsideración de aquellos que ven a Israel a
través de visiones deformadas por clichés que pertenecen
a otras sociedades y a otros momentos históricos,
comprender a alguien como Naftali Bennett, es un sine-
qua-non para comprender objetivamente a Israel y su
lugar en el mundo.

Lamentablemente una pobreza de
vocabulario, sino de pensamiento, o de voluntad, hacen
que términos que son claros en muchas culturas fallen en
su objetivo en cuanto son aplicados a Israel.
"Nacionalismo," "democracia," "ocupación,"
"colonialismo," "religiosidad," "derecha," "izquierda,"
por ejemplo son términos que deforman más que ayudan
a comprender las realidades de un mundo complejo
como es este en el cual vivimos.

Aún no comprendemos que hemos
ingresado al siglo XXI equipados con conceptos
mentales que pertenecen al siglo XIX, sino más atrás.

Naftali Bennett pertenece a una nueva
generación de israelíes caracterizada por su pragmatismo
y adhesión a una larga y elaborada fuente de valores lo
suficientemente flexibles para permitir establecer
prioridades y poder discriminar entre sectarismo y
servicio al proyecto humano universal.

Escribí este libro no solo como reacción al asombro que me causa el vertiginoso desarrollo de Israel y su beneficiosa influencia en todos los aspectos humanos del siglo XXI, sino, también, con el objetivo de tratar de transmitir a otros la importancia de experimentar este asombro.

"La ignorancia no produce reverencia. Lo desconocido como tal no nos llena de asombro."

A.J. Heschel

Prefacio

La historia solía ser escrita años después de ocurrido los hechos. Llevaba mucho tiempo recopilar información y adquirir la perspectiva necesaria para comprender lo que había sucedido.

Esto es particularmente palpable en la historia judía. El profesor Salo W. Baron nos dice que "durante la dispersión, hasta hace unos cien años atrás, el pueblo judío pareció haber perdido interés en escribir incluso su propia historia." [1]

En otras palabras, la gente era poco o nada consciente de que vivían en la historia y que los cambios históricos los afectaban.

El sorprendente golpe político de Naftali Bennett (después de todo, hasta Benjamín Netanyahu parece haber sido tomado de sorpresa) ocurrió el 31 de junio de 2021.

Bennett realizó uno de los más improbables actos políticos en la historia política de Israel, y esto no fue accidental. Había estado en preparación por lo menos durante 15 años.

En ese lapso de tiempo, Bennett había sido el jefe de gabinete de Netanyahu, jefe de tres partidos políticos, ministro de Economía, Educación, Servicios Religiosos, ministro de Jerusalén y Asuntos de la Diáspora, y ministro de Defensa, el "Zar extraoficial del Covid," director ejecutivo del Consejo de *Yesha* y "Nuestro Israel. " Y, por supuesto, ahora, Primer Ministro.

Todo ello en pos de una visión tan contemporánea como para disculpar si uno siente que pertenece más al futuro que al presente. Así lo dijo el propio Bennett cuando en 2016 acuñó el lema político que lo ha ido identificando a lo largo de su relativamente corta carrera política:

"Algo nuevo está sucediendo."

Debido a que vivo en una de las más grandes democracias del mundo, y que también he vivido bajo dictaduras militares, es probablemente la razón por la cual aprecio cuán admirable es la democracia de Israel. Incluso cuando otros consideran que esto no es así.

Parte de esta apreciación mía proviene del ser judío. El rabino Irving Greenberg señaló que, para los judíos, Israel "es el lugar donde la religión judía y la moralidad judía se ponen a prueba porque allí es una mayoría judía la que decide la política." [2]

La determinación de la democracia israelí no esta basada, ni debería ser comparada con otras experiencias, otras realidades, otras sociedades, otras culturas, sino en lo que el pueblo judío quiere y esta dispuestos a defender. Y, consecuentemente, lo que líderes que los israelíes eligen hacen en su nombre. Esta es la importancia y el significado del momento histórico que Naftali Bennett representa: la voluntad de la mitad del pueblo de Israel.

La agitación política de las últimas cuatro elecciones, las que tuvieron lugar en tan solo dos años, fue causada por una conciencia general imperante entre los israelíes (y tal vez el resto del mundo) de que Benjamín Netanyahu, uno de los líderes más destacados que haya tenido el Estado de Israel, había llegado a un punto donde había excedido el tiempo conveniente para ejercer su mandato.

Uno de los temas más espinosos que el judaísmo, y en particular el Estado de Israel enfrentan, son los debilitantes desacuerdos entre cómo se entiende el pasado y cómo se visualiza el futuro. Entre lo viejo y lo nuevo. Esta confrontación se comprende mejor comparando la posición de dos rabinos cuya influencia en el mundo religioso judío es inconmensurable.

El rabino Moses Schreiber, [3] el "Jatam Sofer", sintetizó la oposición religiosa judía a la modernidad de los judíos *jaredíes*. [4]

"El judaísmo y el pueblo judío estarían a salvo, creía el Jatam Sofer, solo en la medida en que se reagruparan en torno a las prácticas tradicionales y estuvieran dispuestos a vivir de acuerdo con un pasado mítico que estaba desconectado con la realidad contemporánea."[5]

"Nunca digas "los tiempos han cambiado ". Tenemos un Padre anciano, alabado sea su nombre, que nunca ha cambiado y nunca cambiará." [6]

El Jatam Sofer dio vigencia al lema de que

"Lo nuevo está prohibido por la Torá en todo lugar."[7]

La posición opuesta fue expresada por el rabino Abraham Isaac Kuk. [8] "Profeta del ala liberal de la ortodoxia, identificado de alma entera con la empresa sionista. Reconoció como sus hermanos en espíritu y destino incluso a los celosos nacionalistas que negaban la santidad de la Torá." [9]

Kuk declaró que lo antiguo debe ser modernizado y lo moderno sacralizado. Su propuesta de revolución a través de lo profano no era una forma de escaparse de la religión sino una manera de revivirla." [10]

Bennett pertenece a la corriente judía que ha crecido en torno a la inspiración del rabino Kuk. Así, combina su voluntad enérgica y su tenacidad, con las herramientas mentales necesarias que se requiere para detener a las fuerzas del oscurantismo, las que subrepticiamente amenazan con devorar y calcinar este milagro que es el moderno Estado de Israel.

Sé que debería evitar la hipérbole y atenuar mi entusiasmo, si no mi amor al hacer estas valoraciones. Sin embargo, mi experiencia es la que me empuja a hacer estas exclamaciones. Esta experiencia mía está basada en la cantidad de veces que he escuchado a líderes políticos, organizadores sociales, educadores, industriales, científicos y muchos otros que se han preguntado y preguntan:

"¿Por qué no podemos ser como Israel y lograr lo que ellos han logrado en tan poco tiempo? "

Una posible respuesta es que quizá también necesiten soldados que en cierto momento decidan que ya han guerreado lo suficiente para proteger sus hogares y sus familias, y que ha llegado el momento de aplicar muchas de esas mismas habilidades militares a los negocios. Y cuando ha ganado sus primeros dos millones de dólares en tan solo cuatro años, decidir que es suficiente y que ahora han acumulado nuevas habilidades y experiencias adecuadas para renovar un partido político moribundo. Cuando también se cumple esa tarea exitosamente, es momento de pensar en administrar su país.

Bennett entiende que como todo lo que ha hecho anteriormente su administración del país tiene que ser realizada de manera competente. Una tarea no facilitada cuando su idioma, el hebreo, carece de una palabra para "competente." [11]

Mi objetivo no ha sido escribir una biografía ni un análisis político. He intentado reunir los diferentes artículos disponibles en distinto medios para elaborar una narrativa coherente.

Mi objetivo fundamental es llamar la atención sobre lo que está sucediendo, el significado de lo que personas como Naftali Bennet están haciendo por el judaísmo, los judíos y, con suerte, para beneficiar al mundo.

El modelo del futuro judío es la nueva generación de israelíes como Bennett, no aquellos que permanecen arraigados en un mundo que ya no existe.

Como lo han escrito Shmuel Rosner y Camil Fuchs:

"En Israel se está desarrollando un judaísmo israelí que tiene sus características propias únicas. [12]

Los brotes de una nueva cultura judía en Israel ya son visibles. Lo llamaremos "judaísmo israelí".

Esto, por supuesto era prácticamente inevitable. Israel fue fundado para producir un nuevo judaísmo, para producir una cultura que permitiera a los judíos vivir vidas judías significativas en la era moderna."[13]

No hubiera podido haber escrito sobre todo esto si no hubiera sido por la información y el análisis proporcionado por periodistas como Amotz Asa-El, Moti Caspit, Mazal Mualem, Haviv Reeting Gur, Anshel Pfeffer, Amos Harel, y muchos otros increíblemente calificados periodistas israelíes que ayudan a que Israel permanezca siendo un país democrático.

Hubo una época en que la historia judía, espeficamente, las maniobras políticas y las pugnas entre reyes, sumos sacerdotes, profetas y rabinos, eran escritas basándose únicamente en cortas inscripciones encontradas en ostracas o en frases incompletas en pergaminos rasgados descubiertos en cuevas o genizot. Por eso, puede ser que se tardo tanto en escribir la historia pasada de Israel, y la razón por la cual solo comprendemos parcialmente lo que realmente sucedió.

Hoy estamos bendecidos con la abundancia de publicaciones como Haaretz, The Jerusalem Post, The Times of Israel, Al-Monitor, YNET, The New York Times, The Washington Post, la revista Time, The New Yorker, The Atlantic, Vanity Fair, Commentary, Moment Magazine y muchos otras publicaciones que analisan en profundidad lo que sucede en Israel. Todas estas publicaciones nos permiten comparar narrativas y llenar los vacíos en las historias. Sin hablar de la maravilla que son los libros electrónicos los que nos permiten encontrar, literalmente en la punta de nuestros dedos, trozos enteros del porqué de sucesos que apenas tienen unos meses de antigüedad.

Sin estos periodistas, ni estas publicaciones, difícilmente sabríamos mucho sobre Israel. Apenas lo entenderíamos e ignoraríamos mucho acerca de nosotros mismos.

Capítulo 1

El emprendedor de alta tecnología

Las condenas fueron despiadadas y sin límites. La alarma que expresaban los rabinos jaredíes bordeaba la histéria. El nuevo gobierno iba a "desarraigar todo signo de judaísmo sobre la tierra" y "pisotear todos los valores de la Torá".

El primer jefe del Estado de Israel que se identificó abiertamente como religioso fue para los miembros de estos bloques de los creyentes, un "no judío". "Un pecador descarado, un hombre malvado, que debería quitarse la kipá".

El jefe de este bloque parlamentario instó a la comunidad religioso-sionista de la cual procedían la mayoría de los votantes del recién electo primer ministro, a que "vomitaran a esas personas;" excomúlguenlos y expúlsenlos de entre ustedes, sáquenlos del pueblo de Israel…. Haremos que el cielo tiemble contra el nuevo gobierno. [14]

Los esfuerzos dirigidos a deslegitimar al nuevo gobierno no fueron instigados solamente por el sector religioso regresivo. Militantes pertenecientes a las mismas facciones políticas de derecha a la cual pertenece el flamante primer ministro tampoco dudaron en llamarlo "mentiroso" y "estafador". Una foto manipulada de Naftali Bennett en una *kaffiyeh* árabe, con las palabras "El Mentiroso" escritas encima, había sido distribuida copiosamente.

Sumándose a la inflada retórica ideológica, el ahora ex primer ministro, acusó al hombre que lo

reemplazó de traicionar a la derecha a causa de su
ambición política.

El sistema político de Israel es un sistema de
representación proporcional que permite que casi todos
los sectores de la opinión del país estén representados en
la *Knéset*.[15] A pesar de ello, tomar parte en la política
israelí equivale a participar en un deporte de contacto
done el ser cortés suele ser interpretado como signo de
debilidad.

Esta vez, parecía que había aún algo que iba más
allá. Era la sensación de pánico descontrolado, la
angustia que las sectas y tribus tienen cuando sienten
que pueden transformarse en factores irrelevantes. Para
ocultar la raíz de su vehemencia, las partes excluidas del
gobierno gritaron: "¡Traición!"

Bennett no trató de ocultar que antes de las
elecciones, había dicho que un candidato con diez
escaños no podía ser primer ministro. Y para aclarar aún
más su posición, había añadido: "eso no es Democracia."

El nuevo jefe derechista del 36° gobierno de
Israel también había prometido que, bajo ninguna
circunstancia, formaría parte de un gobierno con el
centrista Yair Lapid o con partidos ultraizquierdistas y
anti- sionistas.

Pero eso fue entonces. Ahora estaba haciendo
todo lo que anteriormente había dicho que no haría.

Durante los dos años previos, Benjamín
Netanyahu había dirigido al país precariamente. Cuatro
elecciones inconclusas en dos años se encargaron de que
esto fuera así.

Cada una de estas cuatro elecciones absorbió el
poco oxígeno que le quedaba al gobierno israelí. Sin

ningún partido capaz de formar una coalición mayoritaria en la *Knéset*, el país naufragaba peligrosamente hacia la deriva.

Los gobiernos que carecen de mandatos no pueden aprobar presupuestos, por lo que un déficit presupuestario mayor del previsto no fue abordado. Un nuevo plan plurianual para el ejército languideció. Una muy necesaria inyección de fondos para el sistema de salud no se materializó. Además, los funcionarios estatales clave, incluidos el fiscal del estado y los altos funcionarios ejecutivos de los ministerios de Justicia y Finanzas, no fueron nombrados. En sus 73 años de historia, el país nunca se había encontrado en tal situación.

Bennett, sin embargo, no solo había hecho promesas ideológicamente motivadas. También había contraído dos compromisos prácticos adicionales y estos demandaban atención inmediata si de lo que se trataba era de enfrentar las cuestiones urgentes que enfrentaba el país. El primer compromiso era evitar la quinta vuelta electoral. El segundo: reemplazar a Benjamín Netanyahu.

Al confiarle a los legisladores de su partido que tenía la intención de formar un gobierno con la "coalición del cambio" de partidos anti-Netanyahu- una coalición sin precedentes que abarca el rango completo de izquierda a derecha, e incluye un partido árabe islamista, Bennett dijo a sus seguidores:

"Tienen que comprender. No estamos eligiendo entre dos alternativas, un gobierno de derecha o un cambio de gobierno. Hemos revuelto cada piedra. Netanyahu no tiene los votos para formar un gobierno de derecha. ¿Cuántas veces tenemos que golpear al estado con elecciones para comprender que no hay gobierno de derecha? Liderazgo significa asumir responsabilidad.

Tenemos líneas rojas y las respetaremos. No cederemos territorio y no dañaremos la identidad judía del Estado de Israel. Es fácil, tal como lo hacen otros, arrodillarse y avivar las llamas de la división interna. Pero así es como se destroza a la nación. Este es un gobierno de unidad nacional de fuerzas iguales, y no me disculpo.

Estoy orgulloso de nuestras acciones en estas circunstancias difíciles. Esta es nuestra esencia: asumir la responsabilidad."

En una entrevista televisiva destacó una vez más la motivación detrás de sus acciones:

"La promesa central en estas elecciones fue sacar a Israel del caos. Lo más fácil es atrincherarse en cada promesa. Si todos hicieran eso, no se habría formado ningún gobierno. Sabía que iba a ser criticado, y entre elegir lo que es bueno para Israel y esto, elegí lo que es bueno para Israel. "

También sabía qué esperar:

"Les dije a mis hijos que su padre iba a ser la persona más odiada del país."

Bennett no estaba solo en su evaluación de que Netanyahu, el primer ministro de Israel de más larga trayectoria, tenía que dimitir. Otros siete partidos políticos además del suyo, y la mitad del país, creían firmemente que Netanyahu había excedido su mandato como primer ministro.

To esto, sin embargo, no evitó que Bennett fuera percibido como un oportunista por gran parte de los votantes israelíes. Esto se reflejó en el margen electoral que obtuvo.

Ningún otro primer ministro de Israel había jamás asumido el cargo con menos de una cuarta parte de los 120 escaños en la *Knéset*; el partido de Bennett, *Yamina*, había obtenido solamente siete escaños.

El líder de un partido minoritario de derecha que solo unos meses antes no había logrado alcanzar el voto electoral necesario que lo calificara para formar parte de la *Knéset* había ahora maniobrado que lo nombraran jefe del gobierno israelí.

Un mes después de su nombramiento, una encuesta realizada por la empresa de investigación de mercado Midgam señalaba que el 40% de los israelíes aún continuarían eligiendo a Netanyahu como primer ministro; el 24% habría elegido a Yair Lapid y solo el 14% habría elegido a Bennett.

La oportunidad de Bennett de ascender a la posición de máxima influencia en la dirección del país llegó cuando, después de la cuarta elección inconclusa en dos años, ni los partidos del bloque pro-Netanyahu ni el grupo anti-Netanyahu pudieron formar una mayoría sin el minúsculo partido de Bennett. Tal es la naturaleza del sistema de representación proporcional israelí.

Los partidos del bloque pro y anti-Netanyahu lo habían cortejado. Ambos le habían ofrecido la oportunidad de servir como primer ministro en un acuerdo de rotación. Aunque el *Likud*- el partido de Netanyahu- había ganado 30 escaños en las elecciones, más que cualquier otro partido, todavía le faltaba para llegar a los 61 escaños mínimos requeridos para formar gobierno. Con el respaldo de los partidos *Jaredíes* y una alianza de extrema derecha, la coalición de Netanyahu solo habría alcanzado a llenar 52 escaños. Con Bennett uniéndose, la coalición de Netanyahu habría estado más cerca de formar un gobierno, pero aún así no llegaba.

"Acabo de escuchar la propuesta de Netanyahu, pedí un gobierno. Y, a pesar mío, no tiene ninguno." Dijo Bennett en aquel momento.

Por otro lado, con el respaldo de Bennett y siete más de los 13 partidos que obtuvieron escaños en las elecciones del 23 de marzo de 2021, el líder centrista Yair Lapid logró armar una coalición que reunió los 61 votos requeridos.

Treinta y cinco minutos antes de la medianoche, cuando se cumplía el plazo límite para formar gobierno, sonó el teléfono del presidente Reuven Rivlin.

"Es un honor para mí informarle que he logrado formar un gobierno", dijo Lapid al presidente Rivlin. "El gobierno será un gobierno alterno siguiendo la Cláusula 13 (a) de la Ley Básica: El gobierno y miembro de la *Knéset* Naftali Bennett será el primero en desempeñarse como primer ministro".

El "oportunismo" es un comportamiento cuestionable, particularmente cuando se trata de política. Se balancea de manera precaria entre la sagacidad política y el egoísmo individual. La naturaleza de la política requiere que a veces sea necesario ceñirse a principios, mientras que en otras ocasiones el interés de las necesidades inmediatas exige posponer los principios, aunque no los valores.

Para Bennett, pasar de una coalición de derecha a una de centro izquierda no había sido fácil. Creció en un hogar político de extrema derecha y participó activamente en grupos juveniles de derecha. Sin embargo, él y todos los demás miembros de su coalición habían logrado dominar el arte del compromiso.

El reciente electo primer ministro y todos los miembros del gobierno que encabezaba entendieron claramente que los principios políticos inflexibles y no negociables no son política sino sectarismo.

Indudablemente Bennett no estaba del todo de acuerdo con ciertos principios de Lapid. Al mismo tiempo era muy consciente de que detrás de la división ideológica, ambos compartían una escala de valores similares. Lo que importaba ahora era romper el impasse electoral que había arrastrado al país durante los últimos dos años.

En su discurso ante la *Knéset,* antes del voto de confianza que lo establecería como jefe del gobierno israelí, Bennett dijo:

"Este es un momento especial. Es el momento en el que la batuta de liderar al pueblo y al país pasa, como en una carrera de relevos, a la generación siguiente. Cada generación tiene sus desafíos, y en cada generación surgen los líderes que pueden superarlos".

El voto de confianza del 31 de junio de 2021 que estableció el treinta y seis avo gobierno de Israel es un hito importante en la vida de Israel. Representa la forma particular de pensar de un nuevo tipo de israelíes, aquellos que están completamente inmersos en el siglo XXI.

Después de los fundadores del estado y la generación de Netanyahu, Naftali Bennett pertenece a la tercera generación de líderes israelíes. Es el primer judío religioso en gobernar el país, que usa kipá y observa el shabat. El primero en haber vivido en un asentamiento en los territorios. El primero en compartir el poder con un partido árabe. Un comando convertido en millonario emprendedor de alta tecnología que no está interesado en ganar otro millón pero que desea llevar a la administración de su país el tipo de visión y compromiso que define a su generación.

Nacido en 1972, un año antes del fallecimiento del primer ministro de Israel, David Ben-Gurion-Bennett, al igual que tantos otros jóvenes israelíes, se crio en una sociedad enfocada en la resolución de problemas y la adaptación lo más rápido posible a los cambios.

Los jóvenes israelíes que realizan el servicio militar son presionados a esforzarse hasta el límite de sus capacidades, se ven obligados a ser valientes y a hacer cosas complejas y desagradables. Fuertemente influenciados por las prácticas del ejército y el mundo de los negocios de alta tecnología, los jóvenes israelíes son alentados para que insistentemente cuestionen la sabiduría convencional, no por que si, sino para asegurarse de que conducirán sus vidas de la manera más significativa posible y, por lo tanto, de manera valiosa.

Igualmente se los capacita para constantemente estar alertas a la presencia de oportunidades. Es esta actitud la que ha colocado al Estado de Israel entre los países líderes del mundo, contribuyendo al bienestar de la humanidad a través de curas médicas, avances tecnológicos, innovación agrícola y ayuda humanitaria.

Es esta la mentalidad que motivó a Bennett, mientras estudiaba derecho y administración de empresas en la Universidad Hebrea de Jerusalén en 1996, a comenzar a trabajar en la industria de alta tecnología. Primero en software, luego en control de calidad y después en ventas.

El final de la década de 1990 fue un período de crecimiento masivo en el uso y adopción de Internet.

Solo entre 1999 y 2014, los empresarios israelíes habían creado 10.185 empresas de alta tecnología. El 2,6% de ellas con 100 millones de dólares en ingresos anuales. "Toda idea razonable compuesta con buena gente obtuvo financiación", dijo Bennett.

Así fue como, en 1999, a la edad de 27 años y en su cuarto año en la Universidad Hebrea Bennett, decidió aprovechar la oportunidad.

Se reunió con Ben Enosh- un amigo de su época en el ejército-quién le presentó a Mijal Tsur, con quien estudió en la escuela secundaria de la Universidad Hebrea ("Leyada"). Mijal, a su vez, trajo a Lior Golan con quién compartía un piso. Los cuatro se encontraron en un parque en Jerusalén y decidieron crear una nueva empresa. No estaban seguros de lo que iban a desarrollar, pero empezaron a trabajar en el ático de la casa de uno de los padres de los socios, la que tenía acceso a Internet y teléfono.

Después de tres semanas y, después de sopesar "algunas ideas locas" (incluyendo cascos especiales para usar dentro de los autos), surgió la idea de un producto de seguridad informática en línea: una tarjeta de crédito virtual que permitiera compras únicas.

"Construimos rápidamente un plan de negocios muy básico", recordó Bennett, "y nos reunimos con uno de los ejecutivos de menor jerarquía en Israel Seed Partners. Le gustó nuestra idea y nos llevó a conocer al resto de socios. En un momento de la reunión con ellos, nos preguntaron cuánto dinero queríamos y, sin pestañear, le dijimos que necesitábamos 2 millones de dólares."

La empresa que formaron se llamó Cyota. De los cuatro socios, solo Lior Golan tenía formación técnica. Ahora quien es la Dra. Mijal Tsur, quien en 2006 cofundó una plataforma de video de código abierto con U$ 166 millones en fondos de Goldman Sachs y Sap, entre otros, dijo que Bennett:

"Era el más carismático, hablaba mejor que el resto de nosotros y podía presentar las cosas mejor que nadie. Y era un estudiante rápido cuando se trataba de adquirir las habilidades requeridas para ser un muy buen gerente. Es experto en la gestión táctica y sabe cómo gestionar a las personas. "Lo que mejor caracteriza a Naftali es que aprende de sus errores. Cuando es criticado o recibe comentarios, los internaliza y luego modifica su comportamiento." [16]

Bennett y su esposa habían estado viviendo solo unos meses en el asentamiento de Beit Aryeh en Cisjordania. El trabajo de CEO de Cyota exigía que se mudaran a un importante centro financiero donde podrían despertar interés en la empresa recién formada. Por lo tanto, en el 2000 Bennett y su esposa Gilat, se trasladaron a Manhattan en Nueva York.

"Recaudamos, en etapas, U$ 12 millones para el desarrollo del primer producto", dijo Bennett. "Pero resultó que teníamos un competidor indio y otro irlandés, y nos patearon el trasero. Entonces estalló la burbuja tecnológica. Durante tres años fue solo supervivencia. Viajé por todo el país con mi computadora portátil." Mientras tanto, Gilat, trabajaba como pastelera en elegantes restaurantes de Manhattan.

"Vivíamos en un apartamento de estudiantes, buscando ganarnos la vida para salvar la empresa. Viví en Nueva York durante cuatro años, durante los cuales no sabía si llegaría a fin de mes ", dijo Bennett.

"Logramos sobrevivir durante dos años", continuó, "y durante todo ese tiempo seguimos generando nuevas iniciativas. La mayoría fracasaron. Nos quedamos sin dinero. Al final, hubo una pequeña posibilidad de supervivencia. Unos inversores nos dijeron que si podíamos recaudar un millón de dólares, ellos aportarían U$ 2.5 millones. Logramos recaudar U$ 800.000, y luego uno de los socios recaudó los U$ 200.000 restantes de su abuela. A partir de ese momento, dejamos de preocuparnos por la empresa; ya no nos preocupamos por el producto. Solo queríamos repagarle a su abuela."[17]

Tuvieron dificultades para encontrar un banco dispuesto a financiar la tarjeta de crédito de un solo uso para las compras por Internet que habían creado. Entonces, comenzaron a buscar cualquier otra necesidad insatisfecha en el mundo de las tarjetas de crédito, las compras por Internet, la seguridad y el fraude.

"En un momento", explica la Dra. Tsur, "la suplantación de identidad (phishing) se convirtió en un problema: las personas recibían correos electrónicos que aparentaban provenir de su banco, pero no era su banco el que enviaba los correos electrónicos. Llegamos y desarrollamos una solución".

"Golan, ex director de tecnología de Cyota, recuerda haber persuadido a Bennett para que hiciera el cambio que puso a la empresa en el camino hacia el éxito y grandes sumas de dinero:

"Logramos llevar a la empresa a un punto en el que ya teníamos ventas significativas, pero luego nos quedamos estancados de nuevo. Salimos con un producto que creíamos que lograría un crecimiento para nosotros, pero no funcionó bien. Naftali estaba asentado en Nueva York, y yo estaba en Israel. Se me ocurrió la idea de darle un giro diferente al producto, lo que, dada la dinámica del mercado, podría llevarnos al gran avance que esperábamos. Intentamos empujar a Bennett a través de mensajería instantánea durante un mes o dos, pero Bennett no tenía tiempo de escuchar.

"Finalmente, volé a Nueva York y le pedí que fuera de compras conmigo ... De repente tuvo tiempo y le conté mi idea, y se quedó boquiabierto. Eso fue lo que condujo al gran avance, la idea que transformó Cyota. Bennett se concentra mucho en lograr su objetivo y, a veces, no escucha lo que sucede a su alrededor. Pero cuando te escucha, está abierto a alterar su forma de pensar."[18]

El éxito eventual del grupo, escribió Anshel Pfeffer, periodista de *Haaretz*, "se debió en gran medida a la perseverancia y a la confianza que Bennett como vendedor principal inspiraba." Su producto fue un gran éxito para ayudar a los bancos a frenar el fraude en línea. Fue esa confianza la que hizo que Cyota fuera vendida en U$ 145 millones a RSA Security en 2005 antes de que siquiera obtuviera ganancias.

"Naftali hizo un muy buen trabajo manejando a los compradores potenciales", recuerda Tsur. "Básicamente, hubo otro comprador que puso una oferta sobre la mesa unas semanas antes de la venta. Era mucho más baja, pero lo importante para nosotros era proteger a los empleados y mantener a Cyota en Israel. En retrospectiva, cometimos un error al vender, porque vendimos demasiado barato. En ese momento, teníamos alrededor de U$ 10 millones en ventas, y ahora son casi U$ 200 millones. Pero teníamos que decidir si seguir tomando riesgos y haciendo crecer la empresa, y decidimos que era hora de vender. Naftali dirigió las negociaciones e hicimos una maniobra de clase mundial. RSA estaba segura de que su competidor directo estaba a punto de comprarnos, por lo que hicieron una oferta más alta."[19]

Después de dividir con tres socios y varias rondas de inversores, el producto de la venta de Cyota, en 2005, Bennett se quedó con tres o cuatro millones de dólares antes de impuestos. Dijo que era más que suficiente para no trabajar durante mucho tiempo y hacer algunas inversiones, "pero no lo suficiente, para que los niños no tengan que trabajar." [20]

Después de la salida, Bennett permaneció con Cyota durante seis meses más. Luego, como miles de otros israelíes, recibió una orden de llamada de emergencia para servir en la Segunda Guerra del Líbano.

Capitulo 2

Jefe de gabinete de Netanyahu

Segunda Guerra del Líbano

"Acababa de vender una empresa por 145 millones de dólares. Se suponía que debía estar festejando, volar al Caribe y, en cambio, me encontré luchando en el sur del Líbano contra los terroristas que quieren destruir mi estado".

El 12 de julio de 2006, a las 9.05 a.m., ocultos en el lado israelí de la valla fronteriza que lo separa del Líbano, terroristas de Hezbolá atacaron dos vehículos blindados de las FDI[21] con por lo menos una bomba al borde de la carretera y granadas propulsadas por cohetes. Al mismo tiempo, otros equipos de Hezbolá estaban realizando bombardeos de distracción con morteros y cohetes Katyusha en puestos de avanzada de las FDI cercanos y en los asentamientos de Zarit y Shetula, en el norte de Israel.

Treinta minutos después del ataque a los vehículos blindados, las FDI encontraron que tres de sus soldados habían muerto en el asalto y que otros tres resultaron heridos. Dos soldados israelíes adicionales, el sargento de primera clase Ehud Goldwasser y el Sargento Eldad Regev había sido secuestrados.

Un tanque Merkava y un pelotón de las FDI en vehículos blindados de transporte de personal cruzaron la frontera en persecución de los captores. Alrededor de las 11 a. m., cuatro miembros de la tripulación murieron cuando el tanque hizo detonar un artefacto explosivo (IED) improvisado de 200 a 300 kg que había sido oculltado por el grupo terrorista. Un octavo soldado murió en un intenso enfrentamiento con una célula local de Hezbolá.

Mientras que el alto mando militar ordenó que columnas blindadas se agruparan y comenzaran a bombardear posiciones de cohetes de Hezbolá en el sur del Líbano y la fuerza aérea atacaba presuntos sitios de lanzamiento tan al norte como Beirut, Ehud Olmert, el primer ministro israelí, declaró el secuestro "un acto de guerra," y responsabilizó al gobierno libanés. El jefe del gobierno israelí advirtió a su homólogo en Beirut que "el cielo caerá sobre el Líbano" si no se controla a los terroristas y no se repatría a los soldados secuestrados. "Nuestra respuesta será muy moderada", prometió. "Pero muy, muy, muy dolorosa".

Eventualmente, toda la fuerza aérea, seis divisiones de las FDI y la marina participaron en lo que serían treinta y cuatro días de combates.

Alistado en las FDI a los 18 años, Bennett había optado por hacer un curso de formación de oficiales. Se ganó su entrada en el difícil *Sayeret Matkal*. [22] Este es el mismo comando de élite que entrenó a otros dos primeros ministros israelíes: Benjamin Netanyahu y Ehud Bark. Después de obtener una comisión de oficial, asumió el mando de una misteriosa unidad de alta tecnología que operaba profundamente detrás de las líneas enemigas: la unidad de comando *Maglan*.
Mientras decenas de soldados de *Maglan* eran trasladados por aire al sur del Líbano en helicóptero, Bennett, cuya experiencia era la de cazar lanzadores de

cohetes tras las líneas enemigas, se unió de nuevo a lo que consideraba literalmente la defensa de "mi familia." La ciudad norteña de Haifa, donde vivían sus padres, estaba siendo directamente amenazada por el fuego de misiles libaneses, *"derribar un cohete en el Líbano era algo muy personal para mi familia."*[23]

A medida que avanzaba el enfrentamiento, Hezbolá mantuvo un aluvión constante de cohetes hacia el norte de Israel. Los soldados de *Maglan* transportados por aire detrás de las líneas enemigas en el Líbano siguieron pidiendo ataques aéreos contra los lanzacohetes y el cuartel general de Hezbolá, camiones, depósitos de municiones y otras infraestructuras militares. Aunque la acción de *Maglan* redujo el lanzamiento de cohetes en las ciudades del norte de Israel en aproximadamente un 40%, Bennett estaba profundamente frustrado:

"Todos los días a las 2 o 3 de la tarde, llamaba por radio a mis comandantes para sugerir esto o aquello, y ellos decían: 'No, no, espera hasta la noche, hablaremos entonces'. Pero una guerra no se gana sin hacer nada."

Haciendo eco del sentimiento de muchos israelíes en ese momento, Bennett dijo: *"Fracasamos, el Ejército, fracasó. En el mejor de los casos fue un empate."* Israel había hecho muy poco para llevar la guerra a Hezbolá en el sur del Líbano. La estructura de mando era confusa y tímida; a los políticos les faltaba determinación. *"Había un profundo problema de espíritu en el deseo de ganar"*, dijo. [24]

Devastado cuando un mejor amigo murió en los combates, decidió no volver al mundo de los negocios después de la guerra.

"Lo que vi en esa guerra son amigos míos heridos o muriendo debido a un liderazgo incompetente o inmoral". "Me volvía casi loco: cuánto está sufriendo la gente buena a causa de los malos líderes. Eso es lo que me llevó a la política. "[25]

En diciembre de 2005, Benjamín Netanyahu sucedió a Ariel Sharon como líder del partido *Likud*. Bilha Nesson, una activista del partido, le había presentado a Netanyahu una joven ingeniera informática, Ayelet Shaked, para que se ocupara de la administración de su oficina. Netanyahu, un ex primer ministro de un solo mandato, [26] se enfrentaba a una tarea de enormes proporciones al intentar lo que muchos consideraban un improbable regreso a la jefatura del gobierno. A fines de marzo de 2006, los israelíes habían votado por la decimoséptima *Knéset*, elección que infligió una decisiva derrota a Netanyahu. [27]

Shaked, cuyo padre generalmente votaba por el *Likud* y que había adquirido su inspiración política definitoria leyendo "El manantial" y "La rebelión de Atlas" de Ayn Rand, sintió que el ex primer ministro estaba "en un desierto político."

El problema en el *Likud*", dijo Shaked, en ese momento, "es que cada líder lleva al *Likud* hacia la izquierda." [28]

Aunque habían acordado que empezaría a trabajar en mayo, sus obligaciones con su actual empleador, Texas Instruments, la obligaron a posponer su nuevo trabajo con Netanyahu hasta septiembre. Para entonces, la guerra del Líbano había terminado y, el 21 de agosto, habían comenzado las protestas que pedían la dimisión del gobierno.

Cuatro días después, más de 2.000 personas participaron en una marcha. Las críticas a la forma en que Ehud Olmert y su gobierno habían manejado la Guerra le presentaron a Netanyahu una nueva oportunidad para reemplazarlo.

"El Netanyahu que Shaked encontró en septiembre", escribió Ben Caspit, "era un hombre completamente diferente al abatido con quien había aceptado trabajar en mayo. Cuando se presentó para trabajar Netanyahu le dijo: "Voy a ser primer ministro."[29]

Casi de inmediato le fue encomendada la tarea de encontrar el director adecuado para la campaña de Netanyahu en busca del puesto de Primer Ministro. Careciendo de la experiencia política necesaria, Shaked le pidió a Erez Eshel, un amigo de la Universidad de Tel Aviv, que la ayudara a encontrar un director para la campaña de Netanyahu.

Eshel, un colono de Cisjordania que había servido con Bennett en *Sayeret Maglan*, organizó un encuentro entre Shaked y Bennett en un café cercano a su casa en Ra'anana, una frondosa ciudad de clase media a las afueras de Tel Aviv.

Ganit Buganim, compañera de clase de Bennett y miembro de Bnei Akiva -el grupo juvenil del que Bennett era consejero en Haifa- recuerda al joven Naftali asistiendo a todas las actividades del grupo "con el libro de Yoni Netanyahu y leyendo del libro a los miembros de su grupo." [30]

Yonatan Netanyahu- El hermano mayor de Benjamín había sido asesinado en 1976 mientras dirigía una misión de rescate en Entebbe, Uganda. Había sido el héroe de Naftali durante toda su juventud. Bennett admiraba a los Netanyahu. Nombró a su primer hijo Yoni.

En la reunión Bennett no parece haber causado mucha impresión en Shaked. Sin embargo, Shaked le reportó a Netanyahu que pensaba que podía ser que había encontrado un candidato para jefe de gabinete que tenía su misma mentalidad.

Netanyahu hizo que algunas personas lo investigaran. "En lugar de persuadirme de que él era la persona adecuada para Bibi, no paraba de preguntarme si Bibi era digno de que trabajara para él", dijo un confidente de Netanyahu que conoció a Bennett en aquel entonces. "[31] Un par de años más tarde, en una conferencia, Bennett diría frente al propio Netanyahu que se había unido a él en 2006 *para ayudar al campo nacionalista a volver al liderazgo del país*". Esa fue la razón que lo impulsó a abandonar el mundo de la alta tecnología.

"De todos modos la química entre ellos fue instantánea", escribe Ben Caspit. Bennett era justo lo que le gustaba a Netanyahu, un recién acuñado millonario tecnológico cuya lengua materna era el inglés. Llevaba una pequeña kipá en la cabeza; abrazó el sionismo religioso; y era talentoso, articulado, de derecha y un ferviente admirador de Bibi. Hicieron clic al instante. Netanyahu entendió que Bennett lo llevaría hacia la era de Facebook, hacia la tecnología y hacia la Generación Y. Aparentemente, este era un matrimonio hecho en el cielo." [32]

A fines de 2006, el entonces millonario tecnológico de 33 años, antiguo comando de élite, se había hecho cargo de preparar a Netanyahu para las elecciones generales de 2009. Esta elección lo colocaría en el cargo por segunda vez. Netanyahu parecía haber formado un equipo de ensueño en la oficina que se suponía que lo acompañaría a la oficina del primer ministro. [33]

El partido *Likud* participó activamente en el apoyo a las protestas anti-Olmert presionando por la rendición de cuentas del gobierno. El magnate tecnológico Eli Ayalon, quien más tarde sería nombrado personalmente por Netanyahu director de campaña del *Likud*, fue uno de los organizadores. También lo fue Yoav Horowitz, quien más tarde declararía: "Ayudé a Netanyahu en un rol profesional, no político, en las primarias de 2006." [34] En una campaña posterior, para las elecciones generales de enero de 2013, Horowitz había sido llamado: el "oficial de operaciones" de Netanyahu por haber organizado manifestaciones de llos reservistas del ejército después de la Segunda Guerra del Líbano de 2006. Otros dos amigos cercanos de Bennett, Erez Eshel y Yakir Segev, jugaron papeles críticos en el movimiento para derrocar a Olmert.

La campaña de Netanyahu ciertamente estaba interesada en mantener las protestas el mayor tiempo posible a fin de erosionar el apoyo popular de Olmert. El propio Netanyahu, sin embargo, mantuvo un perfil bajo. Como excombatiente en la guerra contra Hezbolá en el Libano, Bennett no solo hizo causa común con los reservistas, entendió que las protestas llevaban la intención política a la que apuntaba el Likud, derrocar a Olmert.

Las protestas lograron el establecimiento de una comisión de investigación sobre la conducción de la actividad bélica por parte del gobierno. Hicieron su conclusiones preliminares públicas el 30 de abril de 2007.

En mayo Bennett decidió empujar una protesta de los reservistas contra Olmert incorporando en la protesta familias en duelo y otros grupos. Incluso reclutó a varias organizaciones de izquierda. "Después de no haber tomado partido durante la Segunda Guerra del Líbano", comentó Barak Ravid, "Netanyahu se encontró de repente como alguien que intentaba subvertir el gobierno y explotar a los reservistas y las familias en duelo para obtener beneficios políticos."[35] Si esto no hizo que Netanyahu fuera bien visto, el hecho que la campaña no logró derrocar a Olmert tampoco lo ayudó.

Aunque Bennett se había convertido en parte del equipo detrás de la reforma educativa de Netanyahu y dirigió la campaña de Netanyahu antes de las elecciones primarias para el liderazgo del *Likud*, la campaña fallida para derrocar a Olmert había descongelado el aprecio que Netanyahu tenía por Bennett.

Las cosas en la oficina, mientras tanto, tampoco iban bien

Tan pronto como Bennett llegó, se formaron dos campamentos en la oficina. En uno de ellos estaban Bennett y Shaked.

"Bennett y Shaked sintieron que se estaba desperdiciando un tiempo precioso en constantes discusiones innecesarias con la esposa de Netanyahu, quien no se movía de al lado de su esposo y se enredaba en los asuntos de la oficina.

A Bennett y Shaked por cierto no les gustaba la participación de Sara, la esposa de Netanyahu, en determinar agenda diaria del candidato o de la demandas que hacía de que cancelen reuniones o su participación en varios eventos debido a consideraciones familiares o de otro tipo. Fue entonces cuando Bennett cometió el pecado capital de decirle a Sara, quien exigió un informe completo sobre el paradero de Bibi: "Yo trabajo para su esposo, no para usted."[36]

El 10 de marzo de 2008, el medio informático israelí *Yedioth Ajronot* publicó un informe de investigación. Reveló que Netanyahu después de haber tenido dificultades en encontrar fuentes de financiación para los muchos asesores que lo rodeaban, había pagado parte del salario de Bennett y Shaked de su propio bolsillo. Durante todo ese tiempo, Sara Netanyahu ignoraba este arreglo financiero. Reaccionó con enojo cuando se enteró de que su esposo estaba pagando a sus asesores desde su cuenta bancaria personal. Según los testimonios publicados, Sara Netanyahu criticó duramente a Bennett y Shaked por recibir pagos del bolsillo privado de su marido. Anunció que el acuerdo quedaba cancelado y que debían devolver a la familia todo el dinero que habían recibido de esta manera. Bennett y Shaked se negaron, en ocasiones posteriores, a comentar sobre la publicación de la investigación y nunca negaron sus hallazgos.

El 31 de marzo de 2009, Netanyahu se convirtió en el primer ministro del 32º gobierno de Israel. Bennett no lo acompañó. Había durado en la oficina de Netanyahu apenas un año y medio.

Cuando se desempeñó como jefe de gabinete de Netanyahu, Bennett se había mantenido en contacto con Lior Golan, uno de sus socios en Cyota. Ambos estaban invirtiendo por cuenta propia en empresas de alta tecnología y apoyando a jóvenes emprendedores. En el curso de ese emprendimiento conocieron una recientemente formada empresa llamada Soluto, que estaba desarrollando soluciones para el diagnóstico automático y corrección de problemas informáticos.

En noviembre de 2009, *Soluto* se había lanzado a una segunda ronda de captación de fondos de inversión. Golan y Bennett intentaron ayudarlos a obtener dinero de *Bessemer*, un fondo de capital de riesgo israelí. *Bessemer* conocía y respetaba a Bennett porque habían invertido en Cyota. Querían que él formara parte de la dirección de la empresa y lo pusieron como condición para aportar los fondos.

"Bennett", dijo Roee Adler, jefe de la oficina de productos de *Soluto*, "es una persona extraordinariamente brillante, talentosa e inteligente. Hasta hace poco, yo consultaba con él todos los días sobre asuntos comerciales. Nos ayudó mucho; contribuyó a la empresa. Como empresario, uno de sus enfoques más fuertes era hacer lo mínimo necesario para lograr un resultado máximo y luego pasar al siguiente mínimo. Es muy eficiente, muy hacedor. Hay ídolos más grandes que él en el campo de la alta tecnología, pero Bennett es una persona muy especial. "[37]

Yashi Green, quien, junto con Tomer Dvir, había cofundado *Soluto*, le dijo a *Haaretz* que habían recibido la financiación gracias a Bennett.

A principios de febrero de 2010, poco después de tres meses, Bennett anunció que se marchaba. Dijo que tenía que cumplir sus propios ideales, que estaba terriblemente preocupado por la forma en que el *Likud* estaba siendo dirigido, que no podía postergar más y que tenía que empezar a influir.

Adam Fisher, uno de los socios de *Bessemer*, no estaba nada contento. "Él fue parte de la principal razón por la que invertimos", dijo Fisher. "Tendemos a creer en los emprendedores con los que hemos tenido éxito en el pasado. Después de tres meses, se levantó y se fue.
Estábamos sorprendidos y enojados a la vez. "En el fondo", agregó, "respetamos a alguien que dice:
"He hecho lo suficiente en el aspecto comercial y ahora quiero contribuir", incluso si uno no se identifica con la dirección que está tomando. Pero si hubiéramos sabido que estaba buscando una opción política, no lo hubiéramos aceptado. Invertimos grandes sumas de dinero y fue desagradable." [38]

Green, el cofundador de *Soluto*, por otro lado, dice que no está enojado por la forma en que Bennett se fue: "En cuanto vio que nos arreglábamos sin él, tiró de la cuerda de su paracaídas. Gracias a él, obtuvimos el dinero." [39]

"Neil Cohen y Michael Eisenberg, ex socios del fondo de capital de riesgo *Israel Seed Ventures*, invirtieron en Cyota y también contribuyeron a la campaña de Bennett en las primarias. Cohen dice que trató de disuadir a Bennett de dedicarse a la política, pero está feliz de haberlo hecho: "Me reuní con él después de la venta de Cyota, le pregunté qué era lo siguiente y me dijo: 'Algo en el ámbito público'. Yo argumenté que podría contribuir más si construyera otro

Cyota. Traté de persuadirlo de que serviría mejor a Israel construyendo otra empresa y creando aún más puestos de trabajo, pero Bennett estaba decidido.

"Hace siete años atrás, pensé que debería permanecer en la alta tecnología, pero ahora los hechos hablan por sí mismos ... Si hoy me lo preguntara, no le recomendaría que construyera otra empresa de alta tecnología porque Bennett es capaz de mucho más.

Ahora quiero que lleve sus habilidades a la arena política y espero que todo el pueblo de Israel se beneficie." [40]

Cinco años después de vender Cyota y mientras servia como ministro de Economía, *Asurion*, con sede en Nashville, adquirió *Soluto* por una cantidad reportada de U$ 100 millones y U$ 130 millones. Como inversor y director ejecutivo de *Soluto*, Bennett ganó lo que algunas fuentes dijeron que era una cantidad "significativa" de dinero por el acuerdo.

Capítulo 3

Las guerras que cambiaron a Israel

"Fuego muy intenso y continuo de metralla y morteros, probablemente cañones en Jerusalén," informó el cónsul general británico alrededor de las 11:30 a. m. "Parecería que los jordanos estaban volcando mucho en la Ciudad Nueva. Jerusalén totalmente envuelta en la guerra. Las balas ya han hecho impacto en el consulado, una de ellas por poco le pegó al cónsul de Su Majestad. "[41]

Desde las 9:30 de la mañana del lunes 5 de junio de 1967 se produjeron intercambios intermitentes de ametralladoras en la mayor parte de la Jerusalén judía. Las fuerzas jordanas siguieron intensificando los combates gradualmente. Los bombardeos duraron diez horas, matando a veinte civiles e hiriendo a más de mil.

Tres semanas antes, el 16 de mayo, el general Ibrahim Sharqawy, jefe del Estado Mayor egipcio, había enviado una nota al general de división Indar Jit Rikhye, el comandante indio de la Fuerza de Emergencia de las Naciones Unidas (UNEF) en el Sinaí. Las tres fuerzas internacionales de 400 hombres habían estado en Egipto desde 1957. Su tarea había consistido en disuadir la guerra durante períodos de intensa fricción árabe-israelí, impedir que hubiera infiltración desde Gaza y garantizar el paso libre a través del Estrecho de Tiran. La nota enviada por el jefe del Estado Mayor egipcio ordenaba al comandante de las Naciones Unidas que prácticamente despejara toda su fuerza del territorio egipcio.

Al día siguiente, la radio Saut-Al-Arab proclamó: "Todo el país de Egipto, con todo su potencial humano, económico y científico, está listo para lanzar una guerra total contra Israel ".

Seguidamente, aviones egipcios procedentes de Jordania violaron el espacio aéreo israelí. Tres días después, el Jefe de Estado Mayor de Israel, Yitzhak Rabin, informó al gabinete israelí que en un aumento sin precedentes, el cual amenazaba la paz, las tropas egipcias concentradas en la frontera con Israel habían aumentado de 35.000 a 80.000.

A las 4 de la mañana del 23 de mayo, el primer ministro de Israel, Levi Eshkol, fue despertado por una llamada del Jefe de Estado Mayor de Israel, Yitzhak Rabin: se acababa de recibir la noticia desde El Cairo de que el presidente egipcio Gamal Abdel Nasser había anunciado el cierre del Estrecho de Tiran. En 1967, el 90% del petróleo israelí pasaba por este estrecho pasaje marítimo entre las penínsulas del Sinaí y de Arabia que la comunidad mundial había reconocido como vía fluvial internacional.

Cerrar el Estrecho significaba una declaración de guerra.

La mayoría de las embajadas de los países occidentales habían aconsejado a sus ciudadanos que abandonaran Israel. Y como señal de mal augurio, los primeros representantes de la Cruz Roja Internacional habían llegado y ofrecido sus servicios. El jefe del Estado Mayor, Rabin, dio instrucciones a las escuelas y otros edificios públicos para que se prepararan para servir como hospitales y centros de urgencias. El rabinato envió rabinos a santificar los parques públicos para que sirvieran de cementerios. Los farmacéuticos informaron que algunos sobrevivientes de los campos de concentración estaban pidiendo venenos para que, si Israel era vencido, no volvieran a caer en manos del enemigo." [42]

El profesor de la Universidad Hebrea Yosef Ben-Shlomo recordó:

"Mientras esperaban la guerra, muchos sabras sufrieron un trastorno psíquico: identificación con los judíos del Holocausto y determinación de que" no sucederá aquí." De repente, el peligro de la aniquilación flotaba en el aire y se tomó una decisión: aunque nos maten, no volveremos a Auschwitz. Mayo de 1967 añadió una dimensión histórica a la mentalidad de los sabra, así como una comprensión existencial de que no tenemos a nadie más que a nosotros mismos."[43]

Las tres semanas que precedieron al 5 de junio, cuando estalló la guerra, fueron un período angustioso. De repente, el peligro de la aniquilación había contaminado el aire que respiraban los israelíes y los judíos de todo el mundo.

"Tres factores ayudan a explicar el miedo generalizado entre los israelíes. En primer lugar, el duradero trauma nacional del Holocausto, que miles de israelíes experimentaron personalmente, siempre ha desempeñado un papel central en la socialización política, cultural y psicológica de todos los judíos israelíes. La principal lección que la mayoría de los judíos extraen del Holocausto es que puede volver a ocurrir porque un acontecimiento así ya ocurrió una vez. El segundo factor fue la enorme cantidad de armamento y fuerzas acumuladas durante la última parte de mayo de

1967 a lo largo de tres de las fronteras de Israel. Esto, unido a los pronunciamientos de los líderes árabes sobre la inminente destrucción del Estado judío (por ejemplo, Ahmad Shuqairi, presidente de la Organización para la Liberación de Palestina, declaró: "Prácticamente no habrá supervivientes judíos"). En tercer lugar, había una sensación generalizada de aislamiento político, que surgió del fracaso de las Naciones Unidas y del presidente estadounidense Lyndon Johnson para suavizar la postura agresiva de Egipto." [44]

Finalmente, a las 7:10 de la mañana del lunes 5 de junio de 1967, oleadas de aviones de combate israelíes despegaron del aeródromo israelí en Hazor. Barriendo por debajo del radar enemigo, golpearon las bases aéreas de Egipto. Antes de las 8:00 de la mañana, comenzó el asalto terrestre en el Sinaí. A las 4:00 p.m., un oficial egipcio llegaba a la oficina del presidente Gamal Abdel Nasser con la información: "Vengo a decirles que ya no tenemos fuerza aérea."

Esa misma mañana, el rey Hussein de Jordania había escuchado del presidente egipcio otro tipo de noticias: Egipto estaba destruyendo a las fuerzas armadas de Israel.

En sus memorias, el jefe de Estado Mayor Rabin recuerda:

"Nuestras instrucciones del gobierno eran abstenerse de actuar en cualquier otro frente que no fuera el frente egipcio. Nuestros aviones sólo debían utilizarse en respuesta a una provocación abierta. Israel claramente no deseaba entrar en guerra con Jordania." [45]

Sin embargo, en la mañana del 5 de junio, la Legión Árabe ya había concentrado 255 tanques y 144 piezas de artillería en Cisjordania y Jerusalén Este. En Cisjordania habían quedado tres brigadas de infantería adicionales, a las que se sumaron dos batallones de comandos egipcios. La fuerza expedicionaria iraquí, compuesta por cuatro brigadas, una de ellas blindada y otra mecanizada, comenzó a avanzar hacia el este de Jordania ese mismo día. Los saudíes también se unieron enviando elementos de una brigada.

Esa misma mañana, en Jerusalén, el general Odd Bull, el comandante de la ONU, había sido convocado al Ministerio de Relaciones Exteriores de Israel. Un veterano especialista de la ONU en el Ministerio, Arthur Lourie, le pidió a Bull que le transmitiera urgentemente al rey Hussein que "Israel no atacará a Jordania si ésta mantiene la calma. Pero si Jordania abre las hostilidades, Israel responderá con todas sus fuerzas."

La decisión de advertir a Hussein había sido tomada en la reunión del gabinete un día antes y también fue entregada a Jordania a través de la embajada de Estados Unidos: "Israel no tenía intenciones agresivas hacia Jordania."

Más tarde, el rey Hussein admitiría haber recibido la advertencia:

"Israel advirtió que] si no interveníamos, nos salvarían de las consecuencias que, de otro modo, serían inevitables: pero en ese entonces, ya no teníamos otra opción. Nos vimos obligados a hacer todo lo posible para ayudar a nuestros aliados."

A la 1:00 p. m., después de haber estado bombardeando los suburbios de Tel Aviv, Ramat Aviv y Jerusalén durante toda la mañana, la legión árabe cruzó las líneas del armisticio de Jerusalén.

Las fuerzas jordanas entraron en la zona neutral y rodearon la sede de las Naciones Unidas en la llamada Colina del Mal Consejo. Este edificio había sido la Casa de Gobierno durante los treinta años en que Gran Bretaña había gobernado la tierra, que había sido definida de acuerdo con los límites bíblicos de "Dan a Beersheba".

Esta "fue una invitación abierta a los israelíes para que entraran," escribió Evan Wilson, el ministro-cónsul de los Estados Unidos en Jerusalén, quien fue testigo de estos eventos. [46] El historiador y futuro embajador de Israel en los Estados Unidos, Michael B. Oren, reflexionó: "Si los jordanos se hubiera abstenido de tomar la Colina del Gobierno, la región se habría visto muy diferente."[47]

Una vez cruzadas las líneas y se ocupada el área, los israelíes no tuvieron más remedio que lanzarse a una guerra totalmente defensiva.

A las 2:00 p. m. el general Uzi Narkiss, comandante del frente central, convocó a su cuartel general al coronel Motta Gur, comandante de la 55ª Brigada en la batalla por Jerusalén: Los paracaidistas estaban siendo enviados a Jerusalén.

Dos días después, el 7 de junio, devastadas por el ametrallamiento y los bombardeos aéreos, la vigésima quinta brigada de infantería y la cuadragésima brigada blindada de Jordania se derrumbaron.

Lo que se convertiría en una guerra de seis días tenía, en sus inicios, un objetivo muy limitado: obligar a Nasser a levantar su bloqueo de las vías fluviales neutralizando la fuerza aérea egipcia y su primera línea de defensa en el Sinaí. Que la guerra se intensificara fue en gran parte el resultado de la intervención militar de Jordania en favor de Egipto.

Bajo presión y engaños, [48] Jordania entró en una guerra que el gobierno israelí había hecho todo lo posible por evitar. [49]

El rey Hussein se había jugado la mitad del reino que su padre, el rey Abdullah, adquirió en 1948 mediante la guerra. Como consecuencia de sus necesidades de autodefensa, Israel no tuvo más remedio que recuperar esos territorios.

La posición inmediata del gobierno israelí fue que las tierras que ahora poseía eran activos que se negociarían en las negociaciones de paz. De hecho, Israel estaba más interesado en conseguir la paz y el reconocimiento de sus vecinos que en ampliar su territorio. Poco después de la guerra, el primer ministro israelí Levi Eshkol ofreció devolver los territorios a los árabes si reconocían a Israel y negociaban la paz.

En una entrevista con la BBC el 12 de junio de 1967, el ministro de Defensa Moshe Dayan dijo: "Estamos esperando que el rey Hussein nos llame."

La llamada no se produjo y, cada vez más, se hizo evidente para Israel que los territorios les habían sido, en palabras del Premio Nobel Eli Wiesel, "impuestos". El rechazo árabe quedó totalmente claro cuando ocho jefes de Estado árabes reunidos en una cumbre en Jartum en septiembre de 1967, enunciaron su posición con tres enfáticos "no":

> No al reconocimiento de Israel,
> No a las negociaciones,
> ¡No a la paz!

Es altamente argumentable, que el gobierno de Israel no tenía intenciones de ensanchar su territorio antes de emprender una guerra autodefensiva. El comportamiento durante la crisis de mayo-junio de 1967 demuestra que los líderes israelíes querían evitar la guerra. No solo no hubo un plan de guerra para ocupar territorio: una vez que terminó la guerra, el gobierno israelí pasó varios meses buscando devolver esas tierras a cambio de la paz.

"Cuando los israelíes piensan en la Guerra de los Seis Días", dice el historiador y ex embajador de Israel en Estados Unidos, Michael Oren, "consideran la toma de Jerusalén como el punto culminante de la guerra, pero en realidad no fue intencional."[50] Este elemento de falta de intencionalidad humana es probablemente el factor crítico que refuerza la concepción judía del conocimiento, la que afirma que el verdadero significado está más allá de lo que los ojos humanos pueden ver."

Si desde una perspectiva militar y política, las consecuencias de esta guerra fueron un accidente de la historia, la consecuencia de una serie de errores de cálculo de los árabes, para los que creen que Dios es el Creador y guía de todo, esto no fue ciertamente un accidente. Por el contrario, aunque los seres humanos solo tenían la intención de liberar el cierre de sus vías fluviales, Dios tenía otro plan.

De hecho, para los judíos, cuya identidad se enmarca en los principios bíblicos tal y como los entiende el rabinismo, aceptar las fronteras del armisticio de 1949 siempre se ha tomado como una necesidad política temporal, no como una renuncia a su fe.

Conscientes del dictamen talmúdico de que "la guerra es el comienzo de la Redención," [51] la Guerra de los Seis Días trajo consigo la sensación, especialmente entre ciertos sionistas religiosos como los estudiantes de la *Yeshiva Mercaz ha- Rav* de Jerusalén, de que los acontecimientos actuales formaban parte del drama del Fin, y que ellos eran los instrumentos de la redención divina. Sin embargo, no fueron los únicos conmovidos por el encuentro con la tierra de su identidad histórica.

"Cuando los paracaidistas llegaron al Muro de las Lamentaciones, sus profundos sentimientos les hicieron llorar. No eran tropas religiosamente observantes, y los toques de *shofar* que hizo sonar el rabino jefe de las FDI, Shlomo Goren, no les hablaron. Pero algo en ese encuentro con la historia judía, con el Muro de las Lamentaciones, les sacudió hasta las raíces de su ser." Escribió la historiadora Anita Shapira "el entusiasmo que envolvió a todo el pueblo judío, en Israel y en la diáspora, con la conquista de Jerusalén, puso de manifiesto deseos ocultos y niveles de conciencia e identificación antes insospechados." Escribió la historiadora Anita Shapira "el entusiasmo que envolvió a todo el pueblo judío, en Israel y la Diáspora, con la conquista de Jerusalén, puso de manifiesto deseos ocultos y niveles de conciencia e identificación previamente insospechados."[52]

Por lo tanto, no fue sorprendente encontrar que tras del rechazo de Jartum, el 73 por ciento de los israelíes encuestados no estaban dispuestos a devolver la mayoría de los territorios confiscados. Ahora los religiosos sionistas, algunos de ellos ansiosos por reconstruir el Templo en Jerusalén, apasionados nacionalistas y especialistas en seguridad, todos abogaban por un Gran Israel.

La negativa árabe tras la concluyente victoria militar de Israel energizó una derecha israelí que había estado casi dormida durante décadas. Fueron los judíos religiosos los que tomaron la iniciativa. Produjeron un movimiento de colonos que reclamaban un derecho eterno a toda la tierra bíblica de los judíos. En ausencia de tratados con sus vecinos, obligaron al gobierno de Israel a crear "hechos."

Seis años más tarde, a las 2 p.m. del sábado 6 de octubre de 1973, *Shabat* y *Yom Kipur*, el día más sagrado del año judío, todo volvió a suceder.

Seiscientas cincuenta y cinco piezas de artillería sirias y más de 100 aviones fueron desencadenados en un ataque sorpresa en el norte contra Israel.

En el sur, una fuerza egipcia reconstruida, y ahora uno de los mayores ejércitos permanentes del mundo, -compuesta por 600.000 hombres, 2.000 tanques, 2.300 piezas de artillería, 160 baterías de misiles SAM y 550 aviones de combate se lanzó contra Israel.

El rector de la Universidad Bar-Ilan, Harold Fisch, recuerda:

"Esta vez nadie se atrevió a dudar de que estábamos bajo amenaza de aniquilación. No se trataba

de una disputa internacional normal, ni de una disputa
sobre fronteras. No hacia falta de ningún don especial
para hacer analogías históricas para ver que en el ataque
conjunto contra Israel realizado por los ejércitos árabes y
sus ayudantes desde una docena de países, hubo una
intención genocida, una continuación de la guerra de
Hitler contra el pueblo judío. La cuestión no era este o
aquel pedazo de tierra; la cuestión era el derecho de
Israel a la existencia nacional, el derecho del pueblo
judío al espacio físico. Pero también había una
dimensión metafísica. La guerra se inició en Yom Kipur
porque se pensó que ese día, los soldados de primera
línea estarían menos alerta que en otros días del año; esta
fue una consideración táctica importante."[53]

A un costo tremendo para Israel, el ataque
sorpresa lanzado por Egipto y Siria finalmente fue
rechazado. Sin embargo, un estado de ánimo de
depresión y duda se instaló en el país.

"En lo alto de la posición de Hermon, el coronel
Avraham Ayalon, un veterano de la Brigada Givati en la
guerra de 1948, encontró el cuerpo de su hijo mayor. En
la oscuridad de la noche, el general de división Amos
Horev arrastró el cuerpo de su yerno desde una trinchera
cerca de la línea del Tercer Ejército egipcio. Durante una
sesión informativa, se informó al general Chaim Bar-Lev
de que su sobrino había muerto en combate. Y así
sucesivamente, algunas familias perdieron más de un
hijo, muchas sufrieron pérdidas mucho más allá de las de
la guerra de 1967. Fue una guerra de padres e hijos." [54]

La pérdida de más de 3.000 soldados israelíes
fue proporcionalmente el equivalente a 170.000
estadounidenses muertos, más de tres veces las pérdidas
estadounidenses en Vietnam.

A pesar de la sorpresa casi total y de las grandes pérdidas, las líneas de alto el fuego de 1967 le dieron a Israel tiempo para movilizar sus fuerzas de reserva y pasar a una contraofensiva en ambos frentes. Quienes habían abogado por no ceder los territorios arrebatados a Jordania, Siria y Egipto en la Guerra de los Seis Días estaban ahora más convencidos que nunca de que solo el espacio de amortiguación proporcionado por los territorios había evitado pérdidas catastróficas para la población civil.

Y así, en las décadas de 1970 y 1980, se creó la infraestructura territorial para una "nueva sociedad judía" de colonos religiosos nacionales en "Judea y Samaria". La generación más joven del Partido Religioso Nacional, que operaba en una rama juvenil llamada "B'nei Akiva" ("Hijos del rabino Akiva"), se convirtió en la incubadora educativa de este movimiento. Unas décadas más tarde, incluirían a más de la mitad de los colonos religiosos en Cisjordania y entre sus jóvenes líderes a un joven Naftali Bennett.

Las cuestiones municipales y de seguridad y la necesidad de contar con un brazo político movieron a los habitantes de los territorios a crear una especie de parlamento. Así en 1980 se creó la organización que agrupa a los consejos municipales israelíes de los territorios cisjordanos de Yehuda (Judea), **Sh**omron (Samaria) y Aza (Gaza), bajo las siglas "YeShA".
Además de las cuestiones municipales y de seguridad, el Consejo actúa como brazo político de los residentes israelíes de *YeShA*, presionando por sus intereses ante la *Knéset* y el gobierno.

Como lo indica en su sitio web:

"Desde 2016, el Consejo de Yesha ayudó a aprobar 13 decisiones gubernamentales con un presupuesto total de U$30.000.000.

El Consejo lleva a cabo campañas de relaciones públicas para la región e invierte en actividades que apoyan sus objetivos."

"Objetivos estratégicos del Consejo de Yesha
· Asegurar las fronteras del Estado de Israel
· Salvaguardar las extensiones estratégicas de Israel, entre el río Jordán y el mar Mediterráneo.
· Asegurar el derecho de Israel a la Tierra reforzando los asentamientos israelíes en Judea, Samaria y el Valle del Jordán ".

Metas del Consejo de Yesha
· Aplicación de la soberanía israelí en la zona
· Un millón de israelíes que vivan en Judea, Samaria y el valle del Jordán
· El desarrollo de carreteras, transporte, agua, electricidad e infraestructuras económicas
· Duplicar el número de turistas de todo el mundo y todas las religiones
· Impedir la creación de un Estado palestino entre el río Jordán y el mar Mediterráneo."

Nuestro desafío
· La construcción y el desarrollo de infraestructuras en Israel se basan en la planificación regional y los planes maestros nacionales (TAMA).
· A pesar del continuo crecimiento y desarrollo del asentamiento israelí en Judea, Samaria y el Valle del Jordán, estas áreas no se han incluido en los planes de TAMA durante más de 50 años.

· Sin planes maestros para el área, las iniciativas palestinas y europeas están echando raices, poniendo así en peligro la continuación de la empresa sionista.

· Nuestro objetivo es crear planes maestros para el área que permitan permitir y garanticen un asentamiento sostenible."

Además de su contenido, es significativo que las declaraciones del Concilio no contienen ninguna referencia a las *mitzvot*, Dios, la redención o la Biblia. Su vocabulario pertenece únicamente a la política: el objetivo principal del consejo, dice el documento, es aplicar la soberanía israelí a todas las regiones de la Tierra de Israel." [55]

Esta nueva retórica "secular" nació de la necesidad de unir a los partidarios del Gran Israel contra la perspectiva de un compromiso territorial que estaba a punto de implementarse en el Sinaí. Sin embargo, sería un error suponer que no se trata de una iniciativa basada en la fe porque activistas y jefes municipales, en lugar de rabinos, dirigen el Consejo YeShA y se evitan términos religiosos cargados.

Al igual que Bennet, Dani Dayan, quien se había hecho rico en el negocio del software, se había metido en a la política como secretario general del partido político *Tehiya*. En 2007 fue elegido presidente del consejo de *YeShA*. Autodeclarado "totalmente laico, incluso una persona liberal", Dayan "cree sinceramente que sin Hebrón, y todo lo que representa desde el punto de vista histórico y cultural, somos un pueblo superficial". Tres años más tarde, reclutaría a Naftali Bennett, de 38 años, para que se convirtiera en el director general del Consejo YeShA que entonces contaba con 350.000 colonos.

Bajo la presión del presidente de Estados Unidos, Barak Obama, el primer ministro Benjamín Netanyahu se convirtió en el primer ministro israelí en anunciar oficialmente la congelación de la construcción de asentamientos. Aunque se suponía que sería solo una congelación temporal de diez meses, algunos creían que Obama había obligado a Netanyahu a dar un giro importante en la cuestión palestina.

A Bennett se le encomendó liderar la lucha para anular la congelación de la construcción y reforzar la empresa de los asentamientos.

"Mientras Netanyahu lleva a Israel hacia conversaciones sobre paz," está siendo intimidado para que haga algo que va en contra del interés propio de Israel, y él lo sabe, pero siente que no tiene otra opción."

Bennett dijo en ese momento al medio de comunicación judío estadounidense *Forward*.

"Jerusalén, Judea y Samaria son el corazón y el alma de Israel", dijo. "Si se compromete el control israelí de estas áreas, se convertirán en bases para los radicales financiados por Irán, e Israel tendrá un cuerpo sin alma, que creo que no sobrevivirá a largo plazo."[56]

El objetivo de Bennett era formar un sólido grupo de presión interno compuesto por no colonos que viven en los nuevos suburbios o por personas con interés económico en Cisjordania.

"Vimos en Gush Katif lo rápido que se pueden demoler las casas, y por eso hay mucho más acercamiento y conexión con el público israelí", dijo. Y añadió: "Hubo la desconexión, y la principal misión de Yesha hoy es volver a comprometerse."

En este "reenganche", con lo que se refiere a intentar ganar a otros israelíes hacia el lado de los colonos, tener a un no colono al frente del Consejo de *Yesha* envía un mensaje importante, dijo Bennett."[57]

En julio de 2011, una protesta en Facebook sobre el costo de vida en Israel llevó a cientos de personas a instalar tiendas de campaña en el bulevar Rothschild en el centro de Tel Aviv. El acto pronto cobró impulso, atrayendo a cientos de miles de manifestantes de diversos orígenes socioeconómicos y religiosos que protestaban contra el continuo aumento del costo de vida y el deterioro de los servicios públicos como la salud y la educación.

Bennett y Shaked también se pusieron del lado de los jóvenes de Tel Aviv en su lucha socioeconómica y les dieron su apoyo.

Es cierto que Bennett era una figura de derecha desempeñándose como director ejecutivo del Consejo *Yesha* de los colonos, pero su intención era ampliar el compromiso de los colonos con otras partes de la sociedad israelí. "En la mente del organizador, este era un movimiento social de base amplia que atravesaba las edades, la etnia, la geografía y la afiliación política.
La unidad era primordial, por lo que se evitó hablar de temas "políticos" divisivos como el proceso de paz o los asentamientos en Cisjordania. [58]

Siguiendo la filosofía original del movimiento sionista en el que creció, Bennett buscaba el inclusivismo.

Entendió que el éxito del consejo requería mayores niveles de cooperación entre activistas religiosos y no religiosos dedicados a la tarea política práctica de incorporar toda la Tierra de Israel al Estado de Israel.

Su objetivo no era derrotar a la élite liberal de izquierdista del país, sino conquistarla. La actitud de confrontación de la vieja guardia, en su opinión, era demasiado divisiva y terminaba por alienar a la burguesía de Tel-Aviv.

Sus críticos, sin embargo, consideraron que Bennett estaba construyendo su propia marca personal.
También estaba la cuestión de que vivía en un suburbio de Tel Aviv.

"Es como si fuera un espectador de la ONU, es un extranjero", dijo Daniella Weiss, ex alcaldesa de Kedumim en Cisjordania y un ícono de los colonos de la línea dura. Comparó la elección del Consejo de *Yesha* con un ejército que selecciona "un jefe de estado mayor que no ha estado en una gran batalla". Un líder de los colonos "tiene que saber lo que es tener ovejas y cabras, y que un Shabat a la tarde, vengan los árabes a robárselas", dijo la ex alcaldesa." [59]

Bennett afirma que su lugar de residencia es una ventaja. Una de sus principales prioridades es garantizar que no se repita una evacuación masiva, como la que acompañó a la retirada de Gaza en 2005. Dijo que la retirada se produjo porque los colonos no lograron galvanizar en su contra al público general en Israel.

"La gente que vive en Judea y Samaria muchos de ellos viven allí, tanto como esto ser una misión espiritual, como por razones de seguridad", dijo Bennett. "Judea y Samaria, desde sus perspectivas, no es acerca de ellos y su casa y lo que sucederá. Se trata de am Yisrael; por lo tanto, no hay nada extraño en tener un CEO viviendo en Ra'anana: todo es un solo Israel. "[60]

Aunque Bennett compartía las ideas de los líderes del antiguo Consejo, la diferencia en sus enfoques era demasiado grande. Los veteranos del consejo cansados de sus trucos mediáticos y de sus ejercicios de cambio de imagen, lo despidieron después de un breve período.

Oded Revivi, alcalde de los asentamientos de Efrat y enviado del grupo al extranjero, recuerda la etapa de Bennett como poco intensa e ineficaz. "No puedo decir que durante este periodo haya habido un solo objetivo específico que se haya completado", dijo en una entrevista." [61]

Capítulo 4

Habayit HaYehudi

"Los locos ya no están en la vanguardia. El proyecto de asentamiento está asentado. Y ahora, ha pasado de ser una vanguardia radical a un establecimiento de clase media. Ya no se trata de una fantasía mesiánica. "[62]

La ortodoxia religiosa judía no es unánime en lo que respecta al Estado de Israel. Las actitudes en este campo van desde la deslegitimación radical del Estado hasta la santificación virtual de la tierra y sus instituciones.

Todos los judíos ortodoxos, sin embargo, comparten la premisa de que Dios ha prometido restaurar a su pueblo en la tierra de Israel en sus fronteras bíblicas y están de acuerdo en que la Torá, tal como la interpretan los sabios ortodoxos, es la razón existencial y la tarea en la tierra del pueblo judío.

Difieren en cuanto si la redención se llevará a cabo únicamente mediante el arrepentimiento espiritual y la observancia ritual o en combinación con la actividad política y militar.

En 1902, los judíos ortodoxos preocupados por los ataques de aquellos que, esperando pasivamente a que la Divina Providencia enviara al Mesías, se oponían a la soberanía judía en la tierra de Israel y a la vez, querían evitar un Israel secular, formaron el partido político *Mizrahi*. Su objetivo era permitir que los judíos religiosos se convirtieran en socios en la construcción de un estado judío mientras que actuaban guardianes dentro del movimiento sionista.

Desde sus principios, el partido funcionó como el principal portavoz del campo religioso. Su objetivo era la preservación del status quo en materia de religión y Estado, la exención de las niñas ortodoxas del servicio militar, la garantía de que se observaría *kashrut* en los comedores del ejército y otras instituciones estatales, el respeto por el *Shabat*, el fomento del sistema nacional de educación religiosa, el movimiento de kibutz religiosos y el bienestar social.

Con el paso del tiempo, *Mizrahi-* ahora rebautizado como *Mafdal*[63]-, que había formado parte de todos los gobiernos liderados por *Mapai*[64], y aquellos dirigidos por *HaAvoda*[65], migró constantemente hacia la derecha.

En 1976, *Mafdal* rompió filas con *HaAvoda*. Un año después, se unió al primer gobierno dirigido por la derecha formado por Menahem Begin. [66] Y, entonces, por considerarlo un deber divino, abrazó el movimiento de asentamiento religioso que alentaba a los judíos a vivir en los territorios, especialmente en los de Cisjordania.

Con el tiempo, los cambios demográficos desplazaron inevitablemente el equilibrio de poder en el campo religioso, lo que precipitó al *Mafdal* en una espiral descendente. Sin embargo, la mayoría de las veces el partido se disparaba a sí mismo al representar cada vez más a facciones extremistas en lugar de representar a toda la población religiosa nacional, tal como lo establecía su principio fundacionall.

De haber tenido hasta 12 escaños en la *Knéset* durante las primeras décadas del estado, en 1981, había perdido la mitad de su fuerza electoral. De doce escaños pasó a tener seis, y después, a no más de cuatro.

Buscando revitalizar el partido y aumentar su poder en la *Knéset*, el *Mafdal* cambió de liderazgo en 2002. En lugar de los venerables rabinos tradicionales, Effi Eitam- un antiguo kibutznik no religioso- fue nombrado jefe del partido.

Eitam, antiguo comandante de infantería con una controvertida carrera militar, había dimitido del ejército cuando se le negó el rango de general. No tuvo reparos en expresar puntos de vista audaces, por no decir otra cosa:

"El hecho de que no estemos sentados en el Monte del Templo y no estemos sentados en Eretz Israel es el punto de oscuridad que encarna toda la maldad, toda la presunción y el mal del mundo." [67]

Confesaba a Jeffrey Goldberg, de la revista "*The New Yorker*" que creía que entre los palestinos había hombres inocentes, pero que eran colectivamente culpables. "Tendremos que matarlos a todos. Sé que no es muy diplomático. No me refiero a todos los palestinos, sino a los que tienen el mal en sus cabezas. No solo sangre en sus manos, sino maldad en sus cabezas. Están contaminando los corazones y las mentes de la próxima generación de palestinos." [68]

"No llamo a estas personas animales. Estas son criaturas que salieron de las profundidades de la oscuridad. No es por casualidad que el Estado de Israel haya recibido la misión de allanar el camino para el resto del mundo, para deshacerse militarmente de estas fuerzas oscuras."

La política de coalición permitió a que Eitam fuera ministro de Vivienda y Construcción en el trigésimo gobierno de Israel bajo el mandato de Ariel Sharon. Pronto, sin embargo, su extremismo le hizo chocar con el plan de retirada de Sharon. Sharon había propuesto que Israel se retirara unilateralmente de Gaza, la que había estado ocupando desde 1967.

El 13 de septiembre de 2004, el "centro"[69] del partido Mafdal votó para elegir entre la propuesta de Effi Eitam de dimitir inmediatamente del gobierno de Sharon y la propuesta de Zevulun Orlev de permanecer en el mismo bajo determinadas condiciones. Orlev, también miembro del *Mafdal*, que se desempeñaba como Ministro de Bienestar y Servicios Sociales, obtuvo el 65% de los votos frente a la propuesta de Eitam. Negándose a acatar la decisión del partido, Eitam renunció al gobierno, dejando el lugar para que Orlev se hiciera cargo del partido.

Copresidente del movimiento internacional *Mizrahi*, al que el *Mafdal* representaba en la arena política, Orlev había escrito un artículo en el semanario hebreo *"Olam Katan,"* en el que pedía la reconstrucción del Templo en Jerusalén. En él, había reconocido que eliminar el "impedimento religioso y político a su plan, es decir, la mezquita de al-Aqsa y la Cúpula de la Roca en la cima del Monte del Templo significaría que el "mundo musulmán, que cuenta con mil millones de personas seguramente lanzaría una guerra Mundial."

Será necesario derrotar las mociones de censura, superar a los medios de comunicación hostiles, de izquierda y seculares, y hacer caso omiso de los economistas que se regocijan diciendo que es un despilfarro de fondos públicos," escribió Orlev. [70]

Orlev era consciente de que sería necesario la aprobación de una ley que protegiera al proyecto del Tercer Templo de acusaciones de discriminación, desigualdad de las mujeres en el servicio del Templo y crueldad animal en la ofrenda de sacrificios. [71]

En 2009, el *Mafdal* se había fusionado con el Partido *Moledet* y había cambiado su nombre por el de "*Habayit HaYehudi*" (Hogar Judío), un movimiento que, sin embargo, no lo protegió de su descendente trayectoria.

Fue en medio de este clima político que Bennett, sopesando sus opciones para optar a un cargo electo, parecía haber aparecido prácticamente de la nada.

Al haber formado parte del círculo íntimo de Netanyahu, no cabe duda de que tenía influencia y conexiones para presentarse dentro del partido *Likud*. Sin embargo, en la calle se decía que la hostilidad de la esposa del primer ministro era tan intensa como lo era su poder y que todas las puertas del *Likud* estaban cerradas para Bennett.

Otra versión afirma que Bennett sabía que siempre sería nada más que un subordinado de Netanyahu, condenado- como generaciones de líderes religiosos sionistas antes que él- a servir a gusto de un líder fuerte y secular.

Dispuesto a apostar que las mareas estaban cambiando, que había suficientes israelíes seculares que encontraban su fe y sus convicciones mucho más atractivas que cualquier otra cosa en oferta en ese año electoral, Bennett decidió desafiar a Orlev en las primarias del *Mafdal* en noviembre de 2012.

Enmarcó la campaña en términos de una competencia entre lo viejo y lo nuevo. Aquí estaba el exitoso empresario de alta tecnología de 40 años enfrentando al veterano político nacional- religioso de 60 y tantos años, Zevulun Orlev.

Trabajando con Moshe Klughaft, su director de campaña, Bennett ideó un eslogan que se convertiría, bajo diferentes formas, en el tema distintivo de todas sus campañas futuras:

"Algo nuevo está sucediendo".

Y con razón justificada. A través de todos sus empeños, empresariales, militares, políticos, económicos y religiosos, Bennett ha sido un defensor del cambio. Tras superar a Orlev de forma aplastante con más de dos tercios de los votos,[72] Bennett se lanzó con entusiasmo a la tarea de cambiar la forma en que estaban las cosas.

Se lanzó vigorosamente a la tarea de atraer miembros nuevos al partido persiguiendo a votantes de menos de 30 años. Evitó ahondar demasiado en su mensaje derechista, lo que atrajo a un 40% de miembros no religiosos a las elecciones.[73]

Como lo señaló Amotz Asa-El, miembro del Instituto Hartman y antiguo editor ejecutivo de *"The Jerusalem Post"*:

"El primero en darse cuenta de la futilidad del sectarismo fue Naftali Bennett. El político nominalmente ortodoxo que contrató a una secretaria de prensa lesbiana y, a diferencia de los rabinos que lo rodeaban, estrechó la mano de las mujeres, buscó desde el principio una fórmula para liberarse del vínculo sectario."[74]

"Los rabinos, que en los últimos años se levantaron para defender a los soldados religiosos que boicoteaban ceremonias donde cantaban mujeres, ahora se vieron obligados a lidiar con un líder político que publicó un video de una niña cantando en Facebook para sus miles de seguidores. Fue filmado en televisión abrazando a una mujer que no es su esposa, y lo que es peor aún, declaró públicamente que, aunque consulta a los rabinos, no recibe órdenes de ellos. Este fue un cambio radical respecto a la práctica de sus predecesores durante los últimos 20 años."[75]

"Queremos ir a la Knéset", dijo Bennett, "como mensajeros de todos los israelíes, ya sean jaredíes, sean religiosos, no religiosos, sean árabes o drusos. Cuando me levante en la mañana, como servidor potencial de este país, voy a pensar cada día en todos. No voy a ayudar a un sector específico. Y la gente nos cree porque lo digo en serio. Lo digo profundamente. Cuando pienso en Judea y Samaria, ni por un momento pienso que los represento como un sector. No son un sector. Vivo en Ra'anana.[76] Necesito a Judea y Samaria, y la gente de Tel Aviv necesita a Judea y Samaria. Y la gente está harta de intereses especiales y forma de pensar sectorial." [77]

En una entrevista en la revista "*Time*" realizada por Karl Vick, Bennett dijo:

"Tenemos seculares, tenemos religiosos por primera vez en la historia de nuestro partido- el partido predata a Israel. Fue fundado hace más de 100 años. Por primera vez en la historia, tenemos una candidata no religiosa, de hecho, una mujer, su nombre es Ayelet Shaked." [78]

Shaked, quien en enero de 2012 había sido elegida para servir como miembro del Comité Central del *Likud*, había renunciado para unirse a *Habayit HaYehudi*. Recibió el mayor número de votos en las primarias del partido, colocándola solo detrás de Bennett y el ministro de Construcción Uri Ariel. Se convirtió en la única diputada laica del partido en la *Knéset* y, a los 38 años, en la imagen de los esfuerzos de *Habayit HaYehudi* por llegar más allá de su base ortodoxa. El objetivo era atraer a un grupo más amplio de votantes y "superar los estereotipos de que los colonos y sus partidarios son fanáticos religiosos y portadores de armas."[79]

Bennett estaba llevando a cabo un golpe interno en el corazón mismo de la comunidad religiosa. Sin embargo, al hacerlo, no ha hecho más que seguir el guión del fundador espiritual del Partido Religioso Nacional, el rabino Abraham Yitzchak Ha-Cohen Kuk.

En el primer tercio del siglo XX, [80] el rabino Kuk intentó salvar la división entre creyentes y no creyentes. Se convirtió en el santo y profeta del ala liberal de la ortodoxia, que se identificó de todo corazón con la empresa sionista, reconociendo como sus hermanos en espíritu y destino a los celosos nacionalistas que negaban la santidad de la Torá." [81]

En el Israel de la década de 1960, se convirtió en el idolatrado guía espiritual de los sionistas religiosos cuando sus palabras fueron interpretadas para declarar que cuando el mayor número posible de judíos cumplieran el único mandamiento de "asentar la tierra santa," el Mesías aparecerá para redimir a "su pueblo" política y teológicamente.

La estrategia de Bennett tuvo éxito. En las elecciones de 2013 para la 19ª *Knéset*, *Habayit HaYehudi* recibió doce escaños en la *Knéset*, el mejor resultado en la historia de un partido sionista religioso. Se convirtió en el cuarto partido más grande de la *Knéset*, justo detrás de *HaHavoda*, que había sido la principal fuerza detrás de la creación del Estado bajo David Ben-Gurion y dominó las primeras décadas de su política. Casi de la noche a la mañana, el magnate del software de 40 años se había convertido en una seria fuerza política.

Netanyahu y el entonces ministro de Relaciones Exteriores, Avigdor Lieberman, habían unido sus dos partidos, *Likud* e *Yisrael Beiteinu*, para presentarse en una lista conjunta en esas elecciones generales. Contrariamente a lo esperado, los dos partidos de la derecha secular ganaron 11 votos menos que los que ambos partidos habían recibido antes de estas elecciones. Algunos miembros del partido de Netanyahu achacaron el ascenso de Bennett a la decisión del *Likud* de fusionarse con el partido de extrema derecha *Yisrael Beitenu* de Avigdor Lieberman. Como resultado, dijeron, los votantes descontentos se pasaron a Bennett." [82]

Aunque hubiera sido natural invitar a Habayit HaYehudi en la coalición, Netanyahu hizo todo lo posible para mantener a Bennett fuera de su gobierno.

Como dijo en su momento Mazal Mualem, escribiendo para "*Al-Monitor*."

"Los Netanyahus han tenido muchas rencillas y han acumulado muchos enemigos durante la carrera política de Bibi, pero el conflicto con Bennett fue el más amargo. Sara Netanyahu considera al exjefe de gabinete de su esposo como el hombre que trató de manchar su reputación filtrando historias a la prensa y que dio un portazo al salir cuando finalmente dejó su puesto. Lo peor de todo es que Bennett nunca trató de enmendar las cosas ni de disculparse durante toda la campaña electoral. En lugar de ello, empeoró las cosas bromeando su costa en al menos dos programas de entrevistas. "[83]

Netanyahu lo intentó todo. Tras fracasar las negociaciones con la líder de *HaHavoda*, Shelly Yachimovich, y de haber llegado a un acuerdo con Tzipi Livni, la líder de *Ha'Tnuah*, [84] un nuevo partido centrista, Netanyahu seguía sin conseguir los escaños necesarios para formar gobierno.

La siguiente opción era otro partido nuevo, *Yesh Atid*,[85] liderado por Yair Lapid, el presentador de televisión más conocido de Israel. Considerado una voz de centristas laicos, los *jaredíes* lo vetaron. Esto puso a Netanyahu en un aprieto.

Bennett ya había conocido a Lapid durante la serie de visitas a Cisjordania que había organizado mientras era director ejecutivo del Consejo *YeShA*. Lapid, quien entonces era un famoso periodista del diario *Yedioth Ahronot*, participó en la gira privada de

Bennett por la región. La química entre ellos fue instantánea.

Años más tarde,[86] mientras cubría uno de los debates de las primarias entre Bennett y Orlev, Hoffman Gil, un reportero del *Jerusalem Post*, mantuvo la conversación con Bennett informalmente durante largo tiempo después del evento en el cual Bennett habló.

El candidato le preguntó a Gil si había conocido a Yair Lapid, quien, tres semanas antes, había entrado en el mundo de la política. Gil respondió que, de hecho, se había encontrado con el ex presentador en la casa que este tiene en Tel Aviv. Bennett estaba ansioso por conocer su impresión sobre él. Al final de la conversación, Bennett le pidió el número de teléfono de Lapid.

A principios de febrero de 2013, "*Maariv-Makor Rishon*" publicó la noticia de que se había gestado un frente unido entre los partidos de Lapid y de Bennett y que participarían en un gobierno de Netanyahu juntos o no participarían del todo.

Netanyahu apenas podía creer que dos políticos novatos estuvieran tratando de manipularlo. Estaba convencido de que los veteranos del partido obligarían a Bennett a capitular y dar marcha atrás en su alianza con Lapid.

Según el columnista de "*Al-Monitor's Israel Pulse*", Ben Caspit, Netanyahu tanteó por separado a cada uno de ellos para comprobar si su compromiso mutuo era férreo. "¿De verdad no te unirás a mí sin Naftali?" le preguntó a Lapid, quien respondió afirmativamente, al igual que Bennett cuando Netanyahu le hizo la pregunta. Sin ellos, no tenía la mayoría necesaria.

Con las manos atadas, Netanyahu no tuvo más remedio que anular el veto de su esposa y entablar conversaciones con Bennett. Mientras tanto, la posición de Bennett se había endurecido. Lapid y él encabezaban ahora los dos partidos más grandes de la coalición del gobierno de Netanyahu.

Bennett había perfeccionado sus habilidades de negociación durante sus años en la alta tecnología y, político novato o no, estaba listo para este momento. Las concesiones y los compromisos le habían permitido obtener varios puestos ministeriales clave para su partido. Entre ellos, consiguió el puesto de Ministro de Comercio, Industria y Trabajo, Ministro de Servicios Religiosos y Ministro de Asuntos de Jerusalén y la Diáspora.

Naftali Bennett es hijo de estadounidenses de quinta generación. Sus abuelos maternos emigraron a los Estados Unidos desde Polonia dos décadas antes de la Segunda Guerra Mundial. Los antepasados de su padre ya estaban en Estados Unidos en el siglo XIX.

> *"Mi padre y mi madre crecieron en San Francisco en los años cincuenta y sesenta, fueron a Berkeley; eran muy de izquierda. En los años sesenta, mi padre fue arrestado en una protesta en San Francisco en un hotel que no contrataba a negros. "*[87]

Sus padres eran activos judíos reformistas, miembros de la congregación Emanu-El en San Francisco. Tras el fin de la Guerra de los Seis Días, emigraron a Israel y se ofrecieron como voluntarios para trabajar en el Kibbutz Dafna cerca de la frontera libanesa en la Alta Galilea.

Según Bennett, a sus padres *"no les gustaba el socialismo comunal; no era para ellos."* El padre de Naftali aceptó un trabajo promocionando el Technion, la principal universidad de ciencia e ingeniería de Israel, y la familia se fue a Montreal. Durante la Guerra de *Yom Kippur*, Jim Bennett voló de regreso a Israel para unirse a su unidad de reserva en el Golán y se quedó con ella durante varios meses. La Sra. Bennett luego siguió a su esposo de vuelta a Israel con sus tres hijos.

Antes de ocupar su escaño en la *Knéset*, Bennett, quien tenía la ciudadanía estadounidense por ser hijo de ciudadanos de ese país, renunció a su ciudadanía estadounidense.

Entró en los niveles más altos de la política israelí equipado con las prácticas y la forma de pensar de un exitoso empresario de alta tecnología, el entrenamiento y la experiencia de un oficial de comando de élite y las prácticas y valores del judío religioso observante. Su legado cultural le proporciona un enfoque de trabajo y una mentalidad radicalmente diferentes a la mayoría de los demás políticos israelíes. [88]

Uno de sus primeros proyectos fue su "Plan Financiero de Singapur", cuyo objetivo era duplicar la calidad de vida en Israel. Haría esto, dijo, entre otras cosas, *"recortando impuestos, al estilo Reagan."* [89]

Subrayó la importancia del mercado como motor de riqueza en su programa recordando al presidente George W. Bush tras los atentados terroristas del 11 de septiembre en Nueva York y Washington cuando *"le dijo al público que saliera a comprar. Muy patriótico."* Declaró con admiración.[90]

Luego, refiriéndose a la parte de su plan para integrar a los ciudadanos más marginales de Israel: los *jaredíes*[91] y los árabes, dijo:

> *"De hecho, aprendí mucho del presidente Obama. La gente no lo entiende. No se trata de Facebook o Twitter. Se trata de hablar con franqueza y estar dispuesto a sumergirse en los temas más delicados y hablar sobre ellos con honestidad. Una de las cosas que aprendí de él es su famoso discurso racial en la campaña anterior, que me pareció una obra de arte, el tomar un tema que siempre ha sido tabú y hablar de él. Así lo hice, por ejemplo, con, la cuestión de los Jaredíes, y creo que de una manera que ningún otro intentó.*
> *Sabes que lo populista es decir, necesitamos una ley mañana, y que todos ellos se alisten en el ejército, punto. Pero eso es una tontería."* [92]

En junio de 2013, tras ser nombrado ministro de Servicios Religiosos, Bennett se reunió con la Asamblea Rabínica del movimiento Conservador en la *Knéset* de Israel. Expresó su gratitud y aprecio por el movimiento. Hizo un llamado a todas las corrientes judías a que "entablaran un diálogo, no a través del sentimiento de que alguien está por encima de otro porque nadie es mejor que el otro, sino en asociación." [93]

En agosto, Bennett logró poner fin al debate sobre una controvertida propuesta de compromiso del presidente de la Agencia Judía, Natan Sharansky, con el objeto de resolver la larga disputa entre la Fundación del Patrimonio del Muro Occidental, dominada por los *Jaredíes* y, que es la administradora de la plaza central del Muro Occidental (el *Kotel*), y quienes exigen el acceso al lugar más sagrado del judaísmo para los grupos y costumbres de los judíos liberales." [94]

Ordenó la construcción de una plataforma para servicios igualitarios adyacente al Arco de Robinson, un sitio arqueológico en el borde sur del muro.

"El tipo vino y dijo: 'Bueno, vamos a llevarlo al gobierno para que lo apruebe. Y yo le dije: 'No, simplemente construya la cosa'", recordó Bennett. *"En seis días se terminó y ahora tenemos una plaza pluralista igualitaria. Todos pueden ir, sin que se hagan preguntas."*[95] Cuando se le preguntó qué pensaba su electorado ortodoxo sobre la medida, Bennett respondió: "No estoy seguro de que sea la decisión popular, pero es la decisión correcta. No me centro solo en mis propios votantes, sino en todos los judíos." [96]

En los meses inmediatos después de asumir los tres ministerios israelíes, Bennett impulsó una legislación para dar a las parejas israelíes más libertad para elegir qué rabino oficiará en su boda. Sin embargo, al mismo tiempo, Habayit exigió y obtuvo el derecho de vetar cualquier ley que cambiara el statu quo en cuestiones religiosas.

En 2013, los trabajadores del Kibbutz *Ein Hashlosha*, situado en la frontera con Gaza, oyeron que se estaba excavando bajo tierra y llamaron a las Fuerzas de Defensa de Israel (F.D.I.). Una semana después, los funcionarios anunciaron el descubrimiento de un enorme túnel ubicado a unos 15 metros por debajo de la superficie. Discurría a una milla y media de la aldea de Abbasan Al-Saghira, en la Franja de Gaza, y terminaba bajo la puerta del kibbutz. Casi un año después, se descubrió otro túnel. Éste penetraba tres veces más dentro de Israel.

Dos meses después de descubrir el último túnel, el 12 de junio de 2014, los estudiantes de la *yeshivá* Eyal Yifrach, Naftali Frenkel y Gilad Shaar fueron secuestrados en la parada de autobús del asentamiento de Allon Shvut en Gush Etzion, en Cisjordania. El primer ministro Netanyahu no tardó en anunciar que los secuestradores fueron identificados como miembros de la organización terrorista *Hamás*, con sede en Gaza.

Mientras el ejército israelí realizaba operaciones de búsqueda en Cisjordania, tratando de encontrar a los adolescentes secuestrados, cohetes fueron lanzados desde Gaza hacia Israel. Esto provocó que la fuerza aérea israelí respondiera con ataques de represalia.

Finalmente, el 30 de junio, los equipos de búsqueda encontraron los cuerpos de los tres adolescentes desaparecidos en un campo al noroeste de Hebrón. Les habían disparado diez veces poco después de su secuestro. Salah al-Arouri, uno de los fundadores del ala militar de *Hamás*, acabaría diciendo en una conferencia de la Unión Internacional de Académicos Islámicos en Estambul, [97] Turquía, que el ala armada de *Hamás*, las Brigadas Izz ad-Din all-Qassam, estaba detrás del secuestro y el asesinato.[98]

La noche en que se encontraron los cuerpos de los adolescentes, Bennett- un ministro del gobierno y miembro del Gabinete de Seguridad- sugirió a Netanyahu que lanzara una operación terrestre para destruir los túneles. Esto, argumentó, sería una respuesta a *Hamás* por el secuestro y el asesinato y una forma de eliminar la amenaza a las comunidades cercanas a Gaza. Netanyahu no aceptó la sugerencia de Bennett.

Sin embargo, siete días después, aviones israelíes bombardearon un túnel que comenzaba en Rafah, en el sur de la Franja de Gaza, y salía cerca del Kibbutz *Kerem Shalom*, matando a siete miembros de Hamas, que estaban atrapados en su interior. Fuentes gubernamentales de alto nivel temían que estos operativos fueran la primera oleada.

Hamás consideró que los hombres que murieron en el bombardeo del túnel eran parte de su su élite y advirtieron públicamente: "El enemigo pagará un precio tremendo". Efectivamente, al día siguiente, se desató el infierno, con *Hamás* disparando indiscriminadamente en un solo día unos 150 cohetes sobre territorio civil israelí.

Por los próximos diez días, *Hamás* enviaría otros 1.500 cohetes más. La fuerza aérea y la marina israelíes, mientras tanto, bombardearían sin cesar los emplazamientos militares de Gaza. El ministro de Defensa de Israel, Moshe Yaalom, antiguo jefe del Estado Mayor, definiría el objetivo de la operación en Gaza- denominada "Operación Margen Protector", "reducir a cero el fuego y los ataques desde Gaza".

Aunque las tropas y algunos tanques se estaban agrupando en torno a la frontera con Gaza, la ministra de Justicia, Tzipi Livni, expresó la renuencia de Israel a realizar una operación terrestre.

Yaakov Amidror, ex general de división y asesor de seguridad nacional, dijo que Israel respondió enérgicamente después de que *Hamás* lo hiciera durante la noche. "Si no encontramos una solución a través de este intercambio de fuego, y *Hamás* no entiende lo que podemos hacer, no tendremos otra opción que hacer la gran operación que no queremos hacer hoy" dijo el ex general. Y agregó, "la opinión pública israelí es más partidaria que el primer ministro o el gobierno, de que se haga una gran acción militar. La opinión pública israelí no solo está detrás del gobierno, sino que también está presionando al gobierno." [99]

Uno de los que presionaron desde dentro del gobierno para lograr una respuesta más contundente fue Bennett. Se dio cuenta de que lo que diferenciaba este conflicto del anterior en 2008 era que la mayoría de los emplazamientos utilizados para disparar cohetes estaban ocultos bajo tierra. Los operativos podían moverse a través de una extensa red de túneles desde el interior de las casas hasta los sitios de lanzamiento y viceversa, sin ser vistos y siendo difíciles de alcanzar.

Bennett presionó a Netanyahu, al entonces ministro de Defensa Moshe Yaalon y al jefe del ejército Benny Gantz, exigiendo una ofensiva contra los túneles terroristas de Hamás que se adentraban en Israel.

A través de sus contactos en el ejército, Bennett se había enterado de que la Inteligencia Militar y el servicio de seguridad *Shin Bet* conocían la existencia de 32 túneles. Sin embargo, solo tenían un plan general y ningún detalle específico para lidiar con ellos.

El 18 de julio, 13 palestinos armados salieron de uno de los túneles a unos 250 metros dentro de Israel, en un área abierta a dos kilómetros del Kibbutz Sufa en la región de Eshkol. Detectados por sensores y al darse cuenta de que habían sido descubiertos, intentaron volver corriendo por el túnel, pero fueron alcanzados por aviones israelíes. El ataque, que se sumó a una serie de otros, frustrado en los últimos diez días, incluidos dos intentos de infiltración desde el mar cerca del Kibbutz Zikim, un túnel cerca de Kerem Shalom, y un ataque con drones a principios de esa semana, obligó al gabinete a aprobar una ofensiva terrestre destinada a neutralizar los túneles.

Bennett afirmó que solo debido a su intervención se aprobó una acción contra los túneles. "*Yo presioné por esto*", dijo.

La oficina de Bennett emitió un comunicado diciendo:

"Las acciones del ministro Bennett durante la Operación Margen Protector, en el momento álgido de la operación contra los túneles, salvaron la vida de los residentes de Netiv Ha'asara y Nahal Oz. Durante dos largas semanas, mientras el ministro exigía con frecuencia la destrucción de los túneles, otras facciones políticas detenían la operación o desestimaban irresponsablemente el valor de la amenaza de los túneles, lo que dejaba a los residentes del sur expuestos a ataques terroristas. Este comportamiento es apropiado, incluso requerido, para un miembro del gabinete de Israel. La exigencia del ministro Bennett de que se ocuparan de los túneles no le vino de los astrólogos, sino de recorrer el terreno y reunirse con varios expertos en seguridad e inteligencia."[100]

La tensión entre Bennett y otros miembros del Gabinete de Seguridad continuó durante toda la guerra.

Estaba claro que Bennett conocía pequeños detalles de los informes de inteligencia y de los planes operativos, que no había recibido a través de los canales aprobados. Esto preocupó al ministro de Defensa Ya'alon, quien sintió que la cantidad de información que estaba en manos de Bennett no estaba disponible para otras personas importantes, excepto Netanyahu y él mismo.

Un alto funcionario del partido Habayit Hayehudi abordaría la cuestión de esta manera:

"Bennett iba a la zona de concentración cada dos o tres días. Está orgulloso de ello; no niega que hubo reuniones y que tenía información de los oficiales en el terreno. Pero no había otra opción. Esta información no se le dio al gabinete. No la obtuvo de ninguna otra manera. Bennett está orgulloso de ello. Sólo gracias a esta información y a las frecuentes demandas de Bennett en el gabinete, se impulsó el estamento de seguridad hacia una acción efectiva contra los túneles. Si dependiera de Ya'alon, no se habría tomado ninguna medida significativa." [101]

Cuando la Operación Margen Protector comenzó a disminuir a fines de julio, Bennett criticó el objetivo del primer ministro Benjamín Netanyahu en los combates, que según Bennett debería haber sido "destruir a *Hamás*" en lugar de abordar la amenaza planteada por los túneles."[102]

"Los túneles no son la raíz del problema. Son un medio para que Hamás lleve a cabo su estrategia de destrucción," dijo Bennett, y agregó: "¿Qué se debe hacer? Nombrar el

objetivo: la desmilitarización de Gaza, como Judea y Samaria. Sin cohetes, sin túneles. Las FDI deben tener un objetivo claro: hacerlo realidad."

El 28 de febrero de 2017, el Contralor del Estado Yosef Shapira publicó el informe del estado sobre la "Operación Margen Protector." Señala el hecho de que desde el establecimiento del gabinete el 18 de marzo de 2013 hasta el 23 de marzo de 2014, el gabinete no mantuvo ningún debate dirigido a establecer objetivos estratégicos relativos a Gaza." [103]

Capítulo 5

El nacionalismo liberal de Bennett

Después de haber "sostenido más de 500 reuniones y conferencias de salón", Bennett sostiene que lo que sigue viendo es que el 80 por ciento de los asuntos que preocupan a los israelíes son domésticos. Sólo entre el 15 y el 20 por ciento tratan sobre la cuestión palestina.

> *"Todos están agotados y hartos de eso. Los más jóvenes, porque son jóvenes, todavía están dispuestos a hablar de ello. No han pasado los últimos 30 años discutiendo este asunto irresoluble. Pero cualquiera que tenga 35 años o más, que se fastidien, que me digan cómo puedo acabar el mes sin deudas y cómo puedo comprar una casa algún día."*[104]

Bennett cuenta acerca de un amigo del servicio militar que sufrió una herida de metralla cerca de la columna vertebral, cerca de su trasero. Los médicos le dijeron a su amigo que podían operar, pero que corría un grave riesgo de parálisis en las extremidades inferiores. Alternativamente, el amigo podría aprender a vivir con un problema desagradable pero manejable.

La elección médica era clara, dijo Bennett. Y la elección que enfrenta Israel también es clara: en lugar de intentar resolver un conflicto irresoluble con los palestinos y arriesgarse a una catástrofe, Israel debería optar por medidas limitadas y prácticas para gestionar la realidad en Cisjordania. Israel, argumenta Bennett, debería dedicar su energía a los problemas internos, no a los que no tienen solución. No es de extrañar entonces escuchar a Bennett anunciar en cada oportunidad desde que asumió el cargo de Primer Ministro en junio de 2021 que *"No habrá ningún proceso diplomático con los palestinos."*

Que el problema palestino sea irresoluble, según Bennett, es

> *"Porque no tenemos un socio"*[105] *El conflicto nacional entre el Estado de Israel y los palestinos no es por la tierra. Los palestinos no reconocen la esencia de nuestra existencia aquí, y este será el caso durante mucho tiempo. Los líderes palestinos no aceptan la mera existencia de Israel como estado judío. Al final del día, en el momento crítico, todos los líderes palestinos se resisten. Soy muy escéptico de que Abu Mazen [el presidente palestino Mahmoud Abbas] esté dispuesto a aceptar a Israel como un estado judío. No creo que quiera pasar a la historia como el tipo que acordó tener un estado judío."* [106]

En una entrevista que concedió a la revista "Fathom" en el invierno de 2017, explicó con más detalle este aspecto de su pensamiento:

> *El antiguo primer ministro Ehud Barak les ofreció [a los palestinos] un estado y ellos lo rechazaron.*

> *Diría a aquellos en la comunidad internacional que están tan aferrados a la idea de un Estado palestino que (a) los palestinos*

tienen un Estado en Gaza y lo arruinaron, y (b) después de 50 años, en qué momento ¿Necesitamos repensar? En el mundo de la alta tecnología de donde vengo, si mis empleados intentaran la misma solución y fallarían una y otra vez, los despediría, ya que esperaría que ya hubieran intentado abordar el desafío desde un ángulo diferente. Hay toda una industria en torno a este tema: los grupos de reflexión, las revistas, los profesionales y los académicos siguen dándole vueltas a la misma solución fallida de siempre. No estamos en Europa; vivimos en una región con muy pocas democracias, y cuando probamos esta idea, nos explotó en la cara, y nadie nos mostró ninguna simpatía. Entonces, el desplazamiento del público hacia la derecha en los últimos años no se debe a la ideología sino a la realidad. Cuando era niño, en la década de 1980, teníamos canciones de paz en la radio y en los jardines de infancia, y el público israelí estaba condicionado a amar y creer en la paz. Sin embargo, más de 1.000 israelíes murieron en los ataques terroristas durante la década de 2000, después de que nos retiramos de partes de Judea y Samaria en el marco de Oslo. Nos retiramos del Líbano en mayo de 2000 con la esperanza de lograr la paz- ya que ninguna de las partes tiene reclamos territoriales sobre la otra- pero tuvimos la Segunda Guerra del Líbano en 2006. Nos retiramos de Gaza e hicimos todo lo que se esperaba que hiciéramos: nos retiramos exactamente a las antiguas líneas del armisticio, expulsamos a los colonos judíos, sacamos al ejército y entregamos las llaves al presidente de la Autoridad Palestina, Mahmoud Abbas, y lo que hemos tenido desde entonces es un "Afganistán", un Hamastán; cohetes que han matado a muchos, tres rondas de guerras y una situación insoluble.

Cuando tomamos estos ejemplos, la gente de aquí tiene cero ganas de entregar tierras adicionales de nuestro pequeño país- especialmente el corazón de nuestro país- a gente que después lo convertirá en un 'Afganistán'. Ninguna cantidad de palabras, papel o esquemas de traer drones o fuerzas de paz extranjeras nos persuadirá de lo contrario."

A pesar de su objeción a la solución de dos Estados, en 2013 Bennett había dicho que no vetaría una decisión del gobierno de mantener conversaciones de paz con los palestinos:

"No voy a hacer nada para detener las negociaciones porque este gobierno quiere avanzar en esa dirección. Creo que hablar está bien. Soy muy escéptico de que vaya a conducir a algo," dijo Bennett en ese momento." [107]

Dadas las realidades que entiende, la posición de Bennett consiste en intentar "reducir el conflicto." Una frase del libro del filósofo israelí Micah Goodman "Catch-67."[108] En palabras de Goodman:

"La propia Cisjordania no puede considerarse "ocupada", ya que Israel tomó su control en una guerra defensiva contra Jordania. Y la propia Jordania se apoderó de ella en una guerra -y no defensiva- contra Israel en 1948. Por tanto, Israel no tiene ninguna obligación de devolver los territorios, ya que "un mundo en el que no hay que pagar un precio por la agresión es un mundo peligroso, en el que los agresores no tienen que afrontar ningún riesgo."

Bennett y Goodman, quienes se conocen desde hace mucho tiempo, han estado discutiendo la viabilidad de una situación en la que los opuestos podrían trabajar juntos. Lo esencial para que esta propuesta tenga una oportunidad de funcionar es poner fin a la "ocupación" de las vidas de los habitantes no judíos de la tierra.
Un acuerdo limitado en el que Israel retiraría su presencia militar tanto como fuera posible de la mayor parte de los territorios a fin de conceder a los palestinos la mayor libertad posible. Aún así, tanto Bennett como Goodman reconocen que Israel necesita continuar manteniendo el Valle del Jordán como su frontera oriental para mantener su posición defensiva en aquellas partes de Israel necesarias para su seguridad.

Sin embargo, Goodman es sensible a que

"Este esquema se enfrenta a un gran obstáculo. Muchos palestinos temen que aceptar políticas que mejoren la situación en los territorios solo sirva para legitimar esa situación. Muchos de ellos preferirían seguir sufriendo bajo el yugo del gobierno militar israelí- sin libertad de movimiento, sin libertades económicas o libertad para construir- antes que renunciar a su reclamo de plena soberanía." [109]

Las razones para "reducir el problema" y no resolverlo por completo es lo mejor que se puede hacer teniendo en cuenta la trayectoria histórica palestina.

"Cuando se trata del terrorismo palestino, la seguridad de Israel está basada en la capacidad de sus fuerzas para frustrar diariamente la formación de células terroristas en Cisjordania. Su gran éxito se debe a la amplia red de inteligencia que Israel mantiene en las ciudades y pueblos palestinos. Para garantizar la eficacia de esta inteligencia, Israel necesita tener libre acceso militar a todas las áreas autónomas palestinas. Ésta no es la situación en Gaza. Israel sacó a su ejército de Gaza y, en consecuencia, acabó allí con la mayor parte de su red de inteligencia. Por lo tanto, la capacidad de las FDI para detener los ataques terroristas desde la Franja de Gaza es extremadamente limitada. Este error no debe repetirse en el contexto de movimientos unilaterales en Cisjordania."[110]

Por lo tanto, dice Bennett, "*en lugar de pelear por lo que no podemos acordar, yo haría un Plan Marshall para Judea y Samaria para todos.*"

El enfoque de Bennett está en la seguridad más que en la teología política. "Su ideología de derecha, tal como es, no es su principal motivador."[111] Su principal preocupación es que

> "*En nuestra frontera norte, tenemos el área más concentrada de cohetes en la región en manos de Hezbolá (y la segunda del planeta después de la frontera entre Corea del Norte y Corea del Sur).*"[112]

En un artículo de opinión en "*The New York Times*", en noviembre de 2014, Bennett escribió:

> "*El verano pasado, Hamás y sus aliados dispararon más de 4.500 cohetes y morteros contra Israel, demostrando una vez más lo que sucede cuando evacuamos territorio hasta las llamadas líneas de 1967 y se lo entregamos a*

nuestros adversarios. No se obtiene la paz. Más bien, nos encontramos con la guerra y el derramamiento de sangre." [113]

"A mediados de la década de 1990, nos retiramos de las ciudades palestinas como parte del acuerdo de Oslo. En 2000, estalló la segunda intifada y más de 1.000 israelíes murieron en ataques perpetrados por terroristas, muchos de los cuales procedían de las mismas ciudades que habíamos evacuado.

Cuando nos retiramos del Líbano en 2000, vimos un fortalecimiento significativo de Hezbolá, la milicia respaldada por Irán. Durante la segunda guerra del Líbano, seis años después, Hezbolá disparó más de 4.300 cohetes contra nuestras ciudades.

Y en 2005, nos retiramos de la Franja de Gaza y la entregamos a la Autoridad Palestina. Nos dijeron que Gaza se convertiría en el Singapur del Medio Oriente y que la paz surgiría en los invernaderos que los residentes judíos habían dejado atrás.

En cambio, esos invernaderos se utilizaron para tapar los túneles de los terroristas excavados a través de la frontera hacia ciudades y pueblos israelíes. Gaza se convirtió rápidamente en una fortaleza del terror." [114]

Bennett prácticamente le suplica al mundo

"Quiero que el mundo comprenda que un estado palestino significa que no hay Estado israelí. Esa es la ecuación." [115]

Comentaristas poco comprensivos, que juzgan rápidamente y fuera de contexto se refieren regularmente a Bennett como "un ultranacionalista israelí de extrema derecha,"[116] "el líder del partido ultranacionalista Yamina." [117] Sin embargo, las elecciones de 2021 han demostrado que el campo religioso sionista no es una sola pieza, y que no todas las partes encajan en la misma caja.

"Bennett no es un liberal", dice Micah Goodman. "Es post-sectario, un nacionalista humanista moderado, pragmático. No pertenece a ninguna tribu israelí en particular. Su patriotismo está abierto a todos los israelíes." Sin embargo, se siente más a gusto en la Tel-Aviv liberal que en el asentamiento de Kedumim en Cisjordania, hogar de Bezalel Smotrich, líder del partido *Tkuma*. También está lejos de sentirse en casa en Hebrón, donde vive Itamar Ben-Gvir, jefe del partido *Otzma*.

Tkuma y *Otzma* son dos de las caras más conocidas del radicalismo de derecha en Israel. Para tener una idea de dónde está situado Bennett en el espectro de la derecha, basta con mirar estos dos ejemplos:

En un Twitter de 2016, por ejemplo, Smotrich escribió:

> "Es natural que mi esposa no quiera acostarse [en una cama] junto a una mujer que acaba de dar a luz a un bebé que podría querer asesinar a su bebé dentro de veinte años".
> Luego agregó que "los árabes son mis enemigos, y por eso no disfruto estar junto a ellos." [118]

Cuando Smotrich escribió este tweet era parte de la iniciativa *Habayit-HaYehudi* de Bennett.

El entonces ministro de educación citó un pasaje de la *Mishnáh*, la primera gran redacción escrita de las tradiciones orales judías, en las que se afirma que "todo ser humano creado a imagen de Dios es amado" y subrayó con sus propias palabras que el texto habla de "todo ser humano, judío o Árabe."

Vinculó su tweet a una publicación suya de 2015, donde escribió sobre un Shabat que pasó junto a la cama de hospital de su padre.

"En un hospital, no tiene importancia la raza, la religión, el color de la piel, la orientación sexual o las opiniones políticas," había escrito en ese post anterior, nombrando a "Khaled de Umm el-Fahm," quien yacía en la cama adyacente a la de su del padre, como ejemplo. "Todos son humanos y todo ser humano nació a imagen de Dios." [119]

Como jefe del partido *HaYamin HeHadash* y siendo entonces ministro de Defensa, Bennett se vio presionado por el *Likud* para que incluyera al líder del partido Otzma, Itamar Ben Gvir, en su lista de candidatos a la *Knéset*. Señalando que Ben Gvir tiene una famosa fotografía de Baruj Goldstein colgada en su sala de estar, Bennett declaró:

"Como presidente del partido Nueva Derecha que ahora se postula para la Knéset, y como exministro de educación del Estado de Israel, no incluiré en mi pizarra a alguien que

guarda en su sala de estar la fotografía de un hombre que asesinó a 29 inocentes personas," dijo Bennett.

"Eso es tan evidente que me sorprende que me pidan que lo explique."

En un artículo del "*Times of Israel*"[120] en el que se señalaba que "también critica el apoyo de *Otzma Yehudi* a los ataques terroristas de "etiqueta de precio" contra los árabes, y a la violencia de los "jóvenes de las colinas" contra los palestinos y los soldados de las FDI, Bennett fue citado diciendo:

"En lugar de construir, rompen. En lugar de reparar, se amotinan. Se trata de una ideología de profundo desprecio por el Estado de Israel y sus instituciones," dice sobre el partido. "No regresamos del exilio para vivir como milicias salvajes y sin ley. Eso no es de derecha; es anarquía."

Bennett también ha declarado que está en contra de cualquier construcción de asentamientos en terrenos palestinos de propiedad privada. En los casos en los que esto ha sucedido, dijo que se deben emprender acciones legales contra la parte culpable- *"o se trasladan las casas o se llega a un acuerdo de compensación como en cualquier otro lugar de Israel según la ley israelí"*.[121]

"Después de más de dos décadas de trabajar en una solución única para el conflicto israelí-palestino - la creación de un Estado palestino - es hora de darse cuenta de que la coexistencia y las relaciones pacíficas no se obtendrán mediante procesos artificiales impuestos desde arriba. En su lugar, propongo un plan de cuatro pasos.

En primer lugar, trabajaríamos para mejorar la autonomía palestina en Cisjordania, en las áreas principalmente bajo control palestino (conocidas como Áreas A y B, según los Acuerdos de Oslo). Idealmente, esto se hará en coordinación con la Autoridad Palestina.

Los palestinos tendrán independencia política, celebrarán sus propias elecciones, elegirán a sus propios dirigentes, dirigirán sus propias escuelas, mantendrán sus propios servicios sociales y emitirán sus propios permisos de construcción. Deben gobernarse a sí mismos y dirigir su vida cotidiana. Israel no debe interferir. Mucho de esto ya existe, pero podemos mejorarlo.

Esta entidad palestina no será un Estado. No controlará sus propias fronteras y no se le permitirá tener un ejército.

Gaza ya funciona como un Estado, pero el gobierno de Hamás que la controla está empeñado en la destrucción de Israel. Mientras Gaza siga por este camino, no podrá ser parte de ningún acuerdo.

El segundo paso verá la mejora masiva de carreteras e infraestructuras, así como la eliminación de barricadas y puestos de control en toda Cisjordania. El objetivo será garantizar la libertad de circulación de todos los residentes, palestinos e israelíes, y mejorar su calidad de vida.

Pero ninguna paz puede durar sin viabilidad económica. Por ello, el tercer paso será construir puentes económicos de paz entre israelíes y palestinos.

En mi anterior carrera como emprendedor de alta tecnología, vi cómo diversas personas de diferentes orígenes podían aprender a trabajar juntas en pos de la prosperidad económica. Ya hay 15 zonas industriales en Cisjordania donde los israelíes trabajan junto a unos 15.000 palestinos. Estas zonas inyectan en la economía palestina alrededor de 300 millones de dólares al año. Imagínese lo que podrían hacer otras 15 zonas industriales." [122]

"Estoy abierto a ideas sobre cómo se materializa esto; podría ser una confederación con Jordania, municipios locales o un gobierno central. Abarcaría total libertad de movimiento, una inversión masiva en infraestructura, la creación de una zona turística para que los cristianos puedan entrar en Haifa, Nazaret, Nablus, Ramallah, Jerusalén y Hebrón sin pasar por controles de carretera. Tendríamos centros industriales conjuntos y podríamos crear un puerto terrestre gobernado por los palestinos en Jenin que estaría conectado con Haifa." [123]

"Israel", dijo, debería anexar el "Área C" de Cisjordania, donde más de 350.000 colonos israelíes viven bajo pleno control militar y civil israelí. A los palestinos en el Área C, que representa el 60 por ciento del territorio de Cisjordania, se les ofrecería la ciudadanía israelí. [124]

"Debemos aplicar la soberanía en las áreas controladas por Israel- conocidas como Área C- y los palestinos que viven allí pasarán a formar parte integrante del Estado de Israel. Y dado que no se pueden tener dos niveles de población dentro del Estado de Israel, a los palestinos que viven en el Área C, aproximadamente 80.000 personas, se les ofrecerá la plena ciudadanía israelí, incluidos los derechos de voto. Creo que la mayoría optará por la residencia en lugar de la ciudadanía (como en Jerusalén Este), pero depende de ellos. Pueden ser ciudadanos israelíes, residentes israelíes o ciudadanos palestinos." [125]

Aunque es difícil cuando se trata de los territorios que las personas que viven en otras partes del mundo consideren a Bennett un liberal, este aspecto de él se ve más claramente cuando se mira su posición respecto a la economía, donde habla de "revivir" el sionismo a través de una infusión de "valores judíos."

"Aquí una pareja joven no tiene futuro porque trabajas muy, muy duro, pero no cuadra. No puede llegar a fin de mes y solo puede soñar con tener su propia casa.
La forma en que se maneja la economía de Israel hoy en día no es sionista. No es sionista que las parejas jóvenes y las familias mayores estén en modo de supervivencia económica perpetua. Algunos de ellos abandonan el país. Cuando Israel se convierta en un paraíso para la gente trabajadora, se quedarán, no solo por sionismo, sino porque aquí se está verdaderamente bien. Y los judíos de la diáspora vendrán a vivir aquí. Eso es sionismo.

No es sionista que las parejas jóvenes y las familias mayores estén en perpetuo modo de supervivencia económica." [126]

Lo que es válido para las familias también lo es para los negocios y las empresas. En consecuencia, cambió el nombre del Ministerio de Comercio, Industria y Trabajo, donde fue nombrado en 2013 por el de Ministerio de Economía. Si bien la tarea del Ministerio de Finanzas era ocuparse de la economía del estado desde una perspectiva fiscal, era fundamental centrar su ministerio, el Ministerio de Economía, en la tarea de promover el crecimiento económico de Israel, supervisar y fomentar el comercio, ayudar a la investigación y, desarrollar y promover y regular los productos de consumo.

Aunque era consciente de que las empresas privadas son el motor del crecimiento económico y de que la regulación gubernamental es innecesaria, también entendía que los principales sindicatos, los magnates e incluso los monopolios del Ministerio de Defensa estaban estrangulando la economía. En la práctica, Bennett estaba reposicionando su recién nombrado Ministerio de Economía para que dejara de ser "un lobby virtual para los industriales y se convirtiera en un agente para aumentar la competencia." [127]

"Si hay algo que me gustaría lograr en los próximos cuatro años, es romper los monopolios aquí y romper el dominio que los grandes sindicatos tienen sobre la economía israelí." [128]

Aplicó esta misma mentalidad de "no somos prisioneros" que dominaba su actitud hacia los monopolios al reducir el comercio con la Unión Europea y aumentando el comercio con los mercados emergentes de todo el mundo.

"Seguimos comerciando con Europa, por supuesto, pero tenemos que diversificarnos, y es bueno estar involucrado ahora con lugares sin historia de antisemitismo, donde simplemente se nos percibe como quienes somos, no como lo que otros piensan que hicimos o dejamos de hacer hace 2000 años atrás." [129]

El Ministerio de Economía comenzó a abrir nuevas oficinas de agregados comerciales en Asia, África y América del Sur, al tiempo que cerraba algunas oficinas comerciales en Europa y consolidaba otras con oficinas en países vecinos.

Como parte de este proceso, Bennett inició negociaciones con Rusia y China sobre acuerdos de libre comercio, supervisó la continuación de las conversaciones con India para un acuerdo de libre comercio y dirigió delegaciones económicas a China e India.

Por tanto, estaba claro que el objetivo de su programa no era simplemente aumentar los ingresos, sino apoyar a las poblaciones vulnerables, como los ancianos y los discapacitados, y fomentar una mayor integración de los ciudadanos más marginales de Israel: los *haredim* y los árabes.

"Con una participación laboral extremadamente baja, los judíos haredim y las mujeres árabes israelíes, lamentablemente se han deslizado hacia una situación de pobreza y necesidad de ayuda social. Para los hombres haredim, se debe a que se niegan a servir en el ejército y, en cambio, se inscriben en estudios religiosos en yeshivas. Para las mujeres árabes, ha sido la falta de educación y una cultura en la que se espera que se espera que se queden en casa. Transformar el mercado laboral no será fácil. Hay prejuicios tanto contra los haredim como contra los árabes. Muchas de las mujeres árabes viven lejos de las principales ciudades donde están los puestos de trabajos; y, en muchos casos, los maridos prefieren que sus esposas se queden en casa." [130]

La premisa del plan de Bennett es que Israel tiene éxito en la innovación, pero su potencial económico se ve socavado por una mala gestión y una considerable burocracia. Como prueba A, compara Israel con Singapur.

Existen varias similitudes entre Singapur e Israel. Ambos países son estados pequeños y densamente poblados. Ambos fueron fundados después de la Segunda Guerra Mundial. Ambos han sido inicialmente pobres y se han enfrentado a las hostilidades de sus respectivos vecinos. El ejército de Singapur se inspiró en las Fuerzas de Defensa de Israel con la ayuda de asesores militares israelíes.

Tras obtener la independencia, tanto Singapur como Israel invirtieron fuertemente en educación y desarrollo tecnológico. Como resultado, Singapur e Israel acabaron convirtiéndose en economías del primer mundo a fines del siglo XX. Mientras que Israel paséo a ser conocido como la nación de las empresas emergentes (start-ups). Singapur se convirtió en un centro financiero y tecnológico líder en la economía mundial.

En 2003-Bennett no deja de repetirlo- Israel y Singapur tenían un PIB per cápita similar. En 2020, sin embargo, el PIB per cápita de Singapur era más del doble que el del poder adquisitivo de Israel. Bennett atribuye la considerable diferencia actual en el PIB per cápita a la competente gestión económica de Singapur.

Bennett atribuye el alto costo de vida en Israel a las regulaciones y la falta de competencia.

"Las cosas son caras, muy caras en Israel por muchas razones. Una de las razones son nuestros puertos. Es un monopolio. Funcionan muy mal. Y tenemos barcos que están varados en el océano durante tres o cuatro días o una semana, y todo ese costo se traslada a los productos y al consumidor. Para solucionarlo, es necesario crear una competencia y un mercado abiertos y justo." [131]

Hay tres sistemas impositivos, dice Bennett: impuesto al valor agregado, impuesto sobre la renta y seguro sociall. Debería convertirse en un sistema fiscal único. Las personas que pagan el 50 por ciento pagarían el 35 por ciento. Para fundarlo, el país necesita un crecimiento masivo, que tambíen puede lograrse reduciendo drásticamente el impuesto de sociedades del 23% al 15%. Esto atraerá la creación de nuevas empresas y hará crecer las antiguas.

Además de recortar impuestos, estimular el gasto y ayudar a las partes vulnerables de la población, Bennett hace hincapié en la necesidad de administrar Israel de manera competente.
Si bien Israel es conocido en todo el mundo por su innovadora industria de alta tecnología, gran parte del sector público de Israel sigue siendo de baja tecnología y regido por una burocracia abultada. Bennett cree que los niveles de servicio al cliente y la calidad de vida en Israel se pueden mejorar drásticamente mediante la introducción de un estilo de gestión eficaz de alta tecnología en las organizaciones públicas ineficientes y burocráticas de Israel." [132]

"En hebreo, no hay una palabra, ni una traducción precisa, para" competencia ". Necesitamos una palabra para ello, y ciertamente necesitamos competencia." [133]

Capítulo 6

La nueva derecha

"En una palabra, eso se llama "putsch,", y eso hace que sea imposible dirigir un gobierno, eso hace que sea imposible dirigir un país. Por lo tanto, hace poco, di instrucciones al secretario del gabinete que emitiera cartas de despido a los ministros Livni y Lapid. Por lo tanto, también debido a la necesidad de garantizar una conducción estable y adecuada del gobierno, decidí impulsar la legislación que disuelve a la *Knéset* e ir a las elecciones lo antes posible."[134]

El 2 de diciembre de 2014, el primer ministro Netanyahu llegó a la conclusión que no podía seguir trabajando con los partidos centristas de la coalición de gobierno que había formado en las elecciones de 2013. Así pues, disolvió la *Knéset*, provocando la necesidad de elegir un nuevo gobierno. Como presagio de lo que vendrá, esta fue la primera vez en más de cinco décadas que la *Knéset* fue disuelta en menos de dos años después de haber sido elegida.

La maniobra de Netanyahu suponía que el Likud continuaría obteniendo la mayor cantidad de votos y que lograría formar una coalición con los partidos nacionalista y *jaredíes* sin necesidad de los partidos centristas de Lapid y Livni. Dos encuestas realizadas al día siguiente parecían confirmarlo. Según una encuesta del Canal 10, *Likud* obtendría 22 escaños, *Habayit HaYehudi* 17, *Yisrael Beytenu* 12, el *jaredí* Judaismo Unido de la Torá ocho, *Shas* siete. Una encuesta similar realizada por el Canal 2 difirió solo en que le dio a *Yisrael Beytenu* 10 mandatos en lugar de 12, pero *Shas* con nueve en lugar de siete compensaría la diferencia.

Para Bennett, la convocatoria a nuevas elecciones significó la oportunidad que estaba buscando para renovar la lista de candidatos de su partido. En su opinión, la lista de *Habayit Hayehudi* era en general sectaria y de extrema derecha. Por ello, había tomado medidas para posicionarse para poder realizar cambios cuando llegara el momento.

A principios de septiembre de 2014, el partido aprobó otorgarle un mayor control sobre quiénes podían convertirse en miembros de la *Knéset*. Además de garantizar cada cinco un puesto para una candidata. La constitución actualizada del partido daba a Bennett el derecho a elegir uno de cada cinco candidatos en la lista del partido. También iba a ser él quien decidiera quién llegaría a ser ministro.

Bennett había dejado claro cuando se hizo cargo del antiguo *Mafdal*-ahora revitalizado desde 2012 bajo su liderazgo, como *Habyit HaYehudi*- que:

"Ya no necesitamos un partido religioso. Necesitamos abrirlo a los israelíes seculares. Necesitamos restaurar la identidad judía y fortalecer nuestro poder en la región."

Es imposible no ver aquí una línea de pensamiento inspirada en la interpretación radical del sionismo secular de quien es considerado el padre espiritual del partido *Mizrahi*, el precursor de *Habayit Hayehudi*-: el rabino Abraham Isaac Kuk.

Nombrado por los británicos en 1921 para servir como rabino principal asquenazí de Palestina, el rabino Kuk proporcionó el andamiaje religioso e intelectual para hacer lo que los *jaredíes* no han podido o no han querido hacer: que los israelíes observantes de la ley religiosa lleguen a los que no lo son y viceversa. En otras palabras, ver la unidad del pueblo judío.[135]

El rabino Kuk consideraba a los sionistas seculares y a los ortodoxos como dos partes complementarias de una síntesis superior.

Según este pensamiento, el sionista secular, al igual quee el ortodoxo, responde a una llamada divina, aunque no sea consciente de quién lo llama. Ambos, sin embargo, son instrumentos al servicio de Dios.[136]

Bennett, quien en un post de Facebook de 2019 definió su práctica religiosa personal como "israelí-judía," recuerda a quienes quieran oírlo que se casó con su esposa Gilat, de familia secular y que personas clave de su partido, como Ayelet Shaked , son seculares. De hecho, dice, el partido atrajo a un 40 por ciento de miembros no religiosos en la elección anterior.

Bennett también entendió que mientras *Habayit HaYehudi* siguiera funcionando como un sector, nunca se convertiría en un partido capaz de reemplazar al *Likud* y gobernar el país.

Esto estaba claro para los miembros del partido. El miembro de la *Knéset* Yoni Chetboun, por ejemplo, comentó sobre Bennet: "Quiere convertir *Habayit HaYehudi* en un *Likud* B y atraer hacia sí a los votantes de la derecha secular. No necesitamos ser un partido laico de derecha, aunque eso signifique que mañana no nos despertaremos con 30 escaños." [137]

Aprovechando la oportunidad que le presentaba la convocatoria de elecciones anticipadas y las prerrogativas que había obtenido para colocar a algunos de los candidatos en la lista del partido, le propuso a la ex presentadora de MTV Eden Harel, quien rechazó su oferta.

Pero, por supuesto, estaba Ayelet Shaked, que acabó anotándose otro rotundo triunfo en las primarias, ocupando el tercer puesto en la lista de candidatos justo detrás de Naftali Bennett y Uri Ariel.

Luego pensó en el Dra. Anat Roth quién había trabajado como asistente del jefe de *HaHavoda*, Amram Mitzna, y del miembro del gabinete, Matan Milnai, antes de abrazar tanto la religión como la política de derecha. Bennett desplazó a otra candidata preferida por el partido para hacer sitio a la Dra. Roth. La ex activista de "Paz Ahora" ocupo el lugar de la rabina Yehudit Shilat, una pionera del feminismo ortodoxo y esposa de un rabino a quien, al parecer Bennett consideraba demasiado cercano a los rabinos de derecha.

En última instancia, ninguna de las dos mujeres llegó a la *Knéset*. La rabina Shilat, que ocupó el puesto 19 y último en la lista de candidatos de *Habayit Hayehudi* y obtuvo 1.375 votos más que la Dra. Roth, que ocupó el puesto 14. Sin embargo, todo este movimiento creó tensiones dentro del partido.

Bennett tuvo más éxito con su elección de Yinon Magal, el editor del sitio web "Walla!," quien había admitido en una entrevista que fumaba mariguana. El presidente de *Bayit HaYehudi*, sin embargo, buscaba una estrella que atrajera a una nueva y gran cantidad de votantes. Sin darse cuenta, cometió así uno de los

mayores desatinos de su carrera política hasta ese
momento.

Bennett había reclutado al ex delantero del
Beitar Jerusalén Eli Ohana, una de las estrellas del fútbol
más condecoradas de Israel y un ícono de la comunidad
judía oriental. Lo colocó en el décimo puesto en la lista
de *Habayit HaYehudi*, creando inadvertidamente un
tsunami político interno.

Lev Solodkin, el líder estudiantil de *Habayit
Hayehudi* en la Universidad de Tel Aviv, le escribió a
Bennett en Facebook: "¿Qué dice de usted que haya
dado un puesto asegurado a alguien como Ohana,
negándole un puesto a miembros del partido que
trabajaron duro en la ¿primaria?"
Según Solodkin, "No soy uno de los colonos con
una chaqueta militar y una Uzi al hombro. Soy un joven
laico del centro de Israel. Puede perder a mis amigos y a
mí si este hombre es lo mejor que se les ocurre para el
puesto garantizado." [138]

Por primera vez desde que fuera elegido
presidente del partido, Bennett se enfrentó a una
oposición de pared a pared dentro de su partido. Los
miembros de la *Knéset* estaban furiosos por el hecho de
que una persona ajena al partido fuera a desplazar a un
miembro de los diez primeros en la lista del partido.[139]

Como señaló Amotz Asa-El: "las personas que
se esperaba que votaran por Ohana no eran adoradores
del fútbol brasileño, sino rabinos, colonos, feministas,
profesores y profesionales cuyo aprecio compartido por
la observancia, la espiritualidad y la erudición es
prácticamente lo contrario de lo que ocurre en los
estadios de fútbol israelíes. Podría decirse que el estadio

es posiblemente un vestigio del antiguo paganismo, y que la celebración popular del atleta moderno huele a idolatría, dijo Asa-el. Esta actitud es, por supuesto, discutible, pero entre los judíos observantes, es común. Además, los votantes observantes se oponen generalmente a la profanación sistemática del Shabat por parte del fútbol israelí, en la que Ohana fue un participante central. "¿Cómo podemos ser representados por un hombre que profanó el Shabat públicamente?" preguntaron algunos de los críticos de Bennett, citando una famosa frase talmúdica que caracteriza a un judío descarriado."[140]

Tres días después de declarar su candidatura, el astro del fútbol se vio obligado a retirarse bajo un ataque excesivamente despectivo.

Cuando el polvo se asentó, la táctica de Bennett había sido contraproducente, subrayando el sectarismo de larga data de *Habayt HaYehudi* en lugar del espíritu de apertura que Bennett estaba buscando. La relación entre Bennett y la derecha religiosa siempre había sido incómoda. Yai Rosenberg, escribiendo para Tablet Magazine, resume esta relación:

"El empresario de alta tecnología que "estaba en la onda," casado con una judía no ortodoxa, que no tenía ningún problema con las personas LGBT y, en general, se presentaba como más moderno en sus actitudes que muchos de los electores que pretendía representar. Los rabinos de los colonos toleraban a Bennett porque era un buen frentee para su movimiento. Como millonario de alta tecnología con kipá que había servido en las fuerzas especiales de Israel, era la encarnación del sueño sionista religioso. Pero, aunque los tradicionalistas del partido se volcaron en el poco tradicional Bennett con la esperanza de que les ganara votos, no siempre le dieron la libertad para hacerlo." [141]

En todo caso, el incidente de Ohana alertó a Bennett de la imposibilidad de lograr una dimensión nacional a través de la circunscripción parroquial de un partido como *Habayit HaYehudi*.

Aunque *Habayit HaYehudi* obtuvo solo ocho escaños en las elecciones del 17 de marzo de 2015 para la 20a Knéset, el anuncio explosivo del exministro de Relaciones Exteriores Avigdor Liberman de que no se uniría al gobierno hizo que Bennett fuera indispensable para que Netanyahu pudiera formara una coalición. Este fue el apogeo político para Bennett y Shaked, quienes habían alcanzado la cima de su influencia debido a que Netanyahu necesitaba su apoyo. Bennett fue nombrado así ministro de Educación, mientras que Shaked, que aún no tenía cuarenta años, dirigía el prestigioso Ministerio de Justicia." [142]

Capítulo 7

Educación

"La cámara enfoca a una maestra de espaldas a sus alumnos. Escribe una fórmula en la pizarra y pregunta: "¿Quién sabe calcular el sen α?" Uno de los estudiantes responde arrojándole un avión de papel a la maestra. Al principio, ésta exige ver a los padres del alumno. Sin embargo, cuando la maestra recoge el avión de papel, descubre que el insolente alumno- quien resulta ser el ex presidente Shimon Peres- escribió la respuesta correcta. "Puede que llegues a algo después de todo", dice la maestra con una leve sonrisa ".

El anuncio de televisión formaba parte de la campaña "Da Cinco Créditos en los Exámenes Finales" que Bennett había desarrollado como ministro de Educación.

Durante las discusiones de la coalición en preparación para las elecciones de 2015, Bennett había exigido a Netanyahu la cartera de Defensa. Al final, *Habayit HaYehudi*, no cumplió las expectativas y recibió menos votos que en las elecciones anteriores, cuatro votos menos, de hecho. Con ocho mandatos, Bennett difícilmente podía esperar el prestigioso puesto de Defensa y tuvo que cambiar las demandas. En el pasado, el *Mafdal* había solicitado tradicionalmente la cartera de Educación para beneficiar a las instituciones del sector, y Bennett lo tomó como un desafío y no como una decepción.

La campaña "Da Cinco Créditos en los Exámenes Finales" era un componente de la ambiciosa estrategia "Startup Nation" de Bennett. El flamante ministro de Educación pretendía duplicar el número de estudiantes que completaban cinco unidades en matemáticas en sus exámenes de matrícula.

Al llegar al ministerio, se enfrentó a una clasificación de Israel junto con países como Alemania, Holanda, Rusia, España e Inglaterra, con solo el 9.1% de los estudiantes de secundaria completando estudios de matemáticas de alto nivel.

Bennett presionó para mover a Israel al siguiente grupo del 16% al 30%, junto a países como Australia, Estonia, Finlandia, Francia, Hong Kong y Suecia.

A fin de animar a los estudiantes a presentarse a los exámenes de matemáticas de más alto nivel, agregó 160 clases principalmente en la periferia y entre las escuelas en los sectores árabes, jaredíes y beduinos, donde anteriormente no había opciones disponibles para estudios de matemáticas de nivel superior.

Doscientos sesenta y ocho estudiantes comenzaron a capacitarse en educación matemática de alto nivel, en comparación con 73 del año anterior.

Este fue el mismo año en el que el presidente israelí Reuven Rivlin, hablando en la Conferencia anual de Herzliya, hizo notar- en lo que fue conocido como el discurso de las "Cuatro Tribus"- que la sociedad israelí estaba experimentando una profunda transformación.

"Este no es un cambio trivial; es una transformación que reestructurará nuestra propia identidad como israelíes y tendrá un impacto profundo en la forma en que nos entendemos a nosotros mismos y a nuestro hogar nacional," había dicho el presidente de la Nación.

El presidente Rivlin habló de que Israel es el hogar de cuatro tribus principales que comparten el espacio público común. Como evidencia de la existencia de estas tribus, el presidente mencionó que el país tiene cuatro ramas educativas: laica, árabe, religiosa y jaredí.

Los niños nacidos en el Estado de Israel son enviados a uno de los cuatro distintos sistemas educativos. Cada sistema tiene como objetivo educar al niño y formar su cosmovisión de acuerdo con un ethos o cultura diferente, una creencia religiosa o incluso una identidad nacional.

Un niño de Beth El [colonos religiosos], un niño de Rahat [árabes beduinos], un niño de Herzliya [judíos seculares] y un niño de Beitar Ilit [judíos jaredíes] - no solo no se conocen, sino que son educados hacia una perspectiva totalmente diferente en cuanto a los valores básicos y el carácter deseado del Estado de Israel, dijo el presidente.

Y luego preguntó:

¿Será este un estado laico, liberal, judío y democrático? ¿Será un estado basado en la ley religiosa judía? ¿O un estado democrático religioso? ¿Será un estado de todos sus ciudadanos, de todos sus grupos nacionales étnicos? Tribu, por tribu, por tribu, por tribu."

Cuando se formó el Estado, Israel decidió ser una sociedad multicultural en lugar de un crisol de culturas. Ahora, las palabras del presidente Rivlin abordaron la necesidad de crear un carácter israelí compartido, una "israelidad" compartida.

Siempre se había pensado que el problema más grave al que se enfrentaba el sistema educativo estatal israelí era el presupuestario. Sin embargo, el Ministerio de Educación en 2014, antes de que Bennett asumiera el cargo, ya tenía un presupuesto considerable: 44 mil millones de shekels ($ 11.3 mil millones), el segundo mayor presupuesto de Israel después de la defensa. El verdadero desafío, como dijo Yael Tamir- una ministro de Educación liberal que sirvió entre 2006 y 2009- era que "no hay ningún país en el mundo que no quiera enseñar algún tipo de herencia cultural. Pero la pregunta es cuándo eso se convierte en adoctrinamiento." [143]

Bennett siempre ha mantenido que cuando se trata de la unidad de la nación, podría poner entre paréntesis sus preferencias personales hasta un cierto límite. Esta sería una de sus pruebas más significativas.

Rápidamente detrás de la campaña " Da Cinco Créditos en los Exámenes Finales", la prueba de fuego para Bennett llegó cuando trató de asegurarse de que los estudiantes israelíes de noveno a duodécimo grado que participan en delegaciones en el extranjero, ya sea en conferencias o concursos internacionales de matemáticas, ciencia y tecnología, representen a Israel como sus embajadores.

Se diseñó un curso de 11 unidades de estudio compuesto por películas de varios minutos de duración.

Bennett intervino en la primera unidad:

"Israel es un poder que hace el bien a miles de millones de personas en todo el mundo. Los árabes votan y son elegidos para la Knéset; solo en Israel existe esa democracia. Enfaticen esto porque a veces lanzan unas palabras como apartheid. ¿Qué apartheid? Los estados árabes no quieren que la diminuta democracia judía sobreviva. Hay que decirles a esos tipos que están sentados en Londres o en Estados Unidos que somos el puesto de avanzada del mundo libre en la campaña global contra el islamismo radical."

El curso fue criticado por ser político, aunque no necesariamente partidista, como lo decían sus detractores. Como dijo uno de los padres: "Ahora tenemos que aceptar un programa descaradamente político para que el niño pueda ir a una competencia científica."

Luego Bennett prohibió a los miembros de la controvertida ONG "Rompiendo el Silencio" dar conferencias en las escuelas secundarias israelíes. La medida se produjo después de que miembros de alto rango de "Rompiendo el Silencio" fueran captados por las cámaras contando a diplomáticos y políticos que visitaban Israel historias exageradas y descontextualizadas, enmarcando a Israel como un país que persigue innecesariamente a los palestinos." [144]

Eliminó una obra de la lista de las subvencionadas por el estado: "Un tiempo paralelo". La obra estaba basada en la vida del árabe israelí Walid Daka, quien estaba cumpliendo cadena perpetua por estar involucrado en el secuestro y asesinato del soldado israelí Moshe Tamam. La obra había suscitado fuertes críticas por parte de la familia del soldado y de la derecha israelí que insistía en que no debería recibir financiación pública."[145]

También eliminó del plan de estudios la novela de Dorit Rabinyan sobre la relación entre una mujer judía y un hombre palestino. Sin embargo, decidió, como ministro de Educación, otorgar el Premio Israel al autor David Grossman.

Nacido en Jerusalén en 1954, Grossman es uno de los novelistas israelíes más aclamados y traducidos. "No es sólo uno de los más grandes novelistas israelíes de la actualidad", dijo Bernard Henry Lévy sobre él.

"Es también, junto con Amos Oz, A.B. Yehoshua, y algunos otros, una de las conciencias morales del país." [146]

Uno de los portavoces más elocuentes y metódicos de la izquierda política de Israel de las últimas décadas- y especialmente los últimos años frente a un gobierno de derecha en el poder- David Grossman ha sido uno de los más destacados defensores culturales de una solución de dos estados al conflicto israelí-palestino." [147]

"La muerte de los jóvenes es un desperdicio horrible y devastador," dijo Grossman
Su hijo Uri, de 20 años, comandante de tanque, murió combatiendo en el Líbano en 2006 en la misma guerra en la que Bennet había servido. Dirigió sus palabras en un servicio conmemorativo para Yitzjak Rabin.

"Pero no menos terrible", continuó: "es la sensación de que durante muchos años, el estado de

Israel ha estado desperdiciando no solo las vidas de sus hijos, sino también el milagro que experimentó: la gran y rara oportunidad que le concedió la historia, la oportunidad de crear un estado ilustrado, decente y democrático que se condujera de acuerdo con los valores judíos y universales. Un estado que sería un hogar nacional y un refugio, pero no solo un refugio; sino un lugar que también le daría un nuevo significado a la existencia judía."

Continuó criticando a los líderes del país, diciendo que no podían "ayudar a una nación a la deriva en una situación tan complicada."

"Señor Primer Ministro, no digo estas cosas por ira o por venganza. He esperado lo suficiente para no responder de un impulso fugaz. No puede descartar mis palabras esta noche diciendo que un hombre no debe ser juzgado en su momento de dolor. Por supuesto, estoy en duelo. Pero más que rabia, lo que siento es dolor. Este país me apena, y lo que usted y sus amigos están haciendo. Créame; su éxito es importante para mí porque el futuro de todos nosotros depende de su capacidad de levantarse y hacer algo."

Grossman luego le suplicó a Olmert que hablara directamente con el pueblo palestino.

"Vaya a ellos por encima de la cabeza de *Hamás*", dijo Grossman a Olmert. "Vaya a los moderados entre ellos, los que, como usted y yo, se oponen a Hamás y sus formas. Vaya al pueblo palestino. Hable de su profundo dolor y heridas, reconozca su continuo sufrimiento. Su estatus no se verá disminuido, como tampoco lo hará el de Israel en cualquier negociación futura. Pero los corazones de las personas comenzarán a abrirse un poco el uno al otro, y esta apertura tiene un enorme poder."[148]

Grossman es el primer israelí en ganar el premio Man Booker, a menudo considerado el galardón literario más prestigioso del mundo después del Premio Nobel de Literatura, por su novela "Un caballo entra en un bar."

Habiendo demostrado que su ministerio no estaba a la caza de la oposición ideológica legítima, el mayor desafío de Bennett fue abordar el bajo rendimiento en las escuelas árabes israelíes y la falta de enseñanza de las materias básicas en el sistema escolar *jaredí*.

Las escuelas de habla árabe que atienden a estudiantes musulmanes, cristianos, beduinos y drusos han estado históricamente infra financiadas y, en consecuencia, los estudiantes árabes obtienen puntuaciones mucho más bajas que los judíos en los exámenes nacionales estandarizados y tienen menos probabilidades de acceder a la educación superior.

El anterior ministro de educación, Shai Piron, del partido centrista *Yesh Atid*, comenzó a enfrentar el problema diseñando un plan quinquenal para aumentar la financiación de las escuelas árabes israelíes en mil millones de shekel (alrededor de U$ 260 millones).

El ministro Piron solo logró implementar el primer año del plan recayendo sobre Bennett la continuidad del plan quinquenal que daba prioridad a la financiación de las escuelas árabes. Bennett optó así hacerlo, incluso a expensas de los niños judíos en el sistema religioso estatal.

Sin embargo, el mayor reto de Bennett fue abordar la falta de enseñanza de materias básicas en el sistema escolar jaredí.

El asunto de los jaredíes era un tema completamente diferente. Incluso en 2021, los líderes de la comunidad *jaredí*, tales como el gran rabino sefardí Yitzhak Yosef, definen el plan de estudios básico de los programas de matemáticas, inglés, ciencias e informática como un "sinsentido."

El gran rabino Yitzhak Yosef había dicho:

"Yo mismo, ¿aprendí el plan de estudios básico? ¿Terminé la escuela? Hasta el día de hoy no tengo un certificado de graduación, ni un diploma de escuela secundaria, ni un certificado de graduación. ¿Me perdí algo? No tiene sentido; lo más importante es nuestra sagrada Torá."[149]

Esta posición es responsable de que alrededor del 27% de los estudiantes *jaredíes* de Israel, un total de más de 90.000- estén exentos de estudiar matemáticas, ciencias, inglés y otras asignaturas críticas.

Según el informe de la Contraloría Estatal de 2020, solo el 3% de los estudiantes de *jaredíes* de las yeshivás califican para la matriculación (*bagrut*).

El 32% de los alumnos en primer grado de las escuelas primarias son *jaredíes*.

Menos de la mitad de los hombres *jaredíes* están actualmente en la fuerza laboral, el nivel de participación es más bajo que el de cualquier otro grupo identificable en Israel- y, reveladoramente, incluso mucho menos que los *jaredíes* en otros países.

La minoría que trabaja tiende a poblar una vasta burocracia religiosa que incluye supervisores de los baños rituales mikvaot, certificaciones de alimentos kashrut y otros apparatchiks.

Capítulo 8

El chico del regreso

En noviembre de 2018, un equipo de vigilancia rutinario de Israel de la unidad de élite Maglan penetró en Gaza en secreto para instalar equipos de vigilancia.

Como explicó el portavoz militar de Israel, el teniente coronel Jonathan Conricus:

> "Así como las organizaciones terroristas no paran de planificar, instalar armas y tratar de atacar a civiles israelíes, nosotros tampoco lo hacemos en nuestros preparativos, en nuestros esfuerzos de recolección y en nuestras operaciones que llevamos a cabo para mitigar las capacidades de las diferentes organizaciones terroristas que nos rodean."

Sin embargo, la operación fue un fracaso y resultó en la muerte de uno de los soldados israelíes y siete militantes de *Hamás*. Durante los dos días siguientes, Israel y *Hamás* se vieron envueltos en uno de los combates más intensos desde el enfrentamiento "Margen protector" de 2014.

El primer ministro Netanyahu desafió la demanda pública de contraatacar con más fuerza y aceptó un alto el fuego profundamente impopular con *Hamás* para evitar otra guerra. El ministro Avigdor Lieberman, acusó al primer ministro de "rendirse al terror" y dimitió.

Al hacerlo, Lieberman dejó la coalición con una escasa mayoría de un solo escaño. Bennett vio aquí una nueva oportunidad de pasar a un ministerio más influyente y una vez más anunció su candidatura para el codiciado puesto de Ministro de Defensa. No lo conseguiría. Para consternación de Bennett, Netanyahu tomó el puesto para sí mismo.

Poco después, la coalición gobernante optó por disolverse y convocar elecciones anticipadas en abril de 2019. Esta sería la primera de una serie de cuatro elecciones sin precedentes en menos de dos años.

Cuando el cuarto gobierno del primer ministro Benjamín Netanyahu en funciones desde mayo de 2015 se disolvió tres años y medio después de su primera sesión, Bennett y Shaked consideraron que había llegado el momento de dar un nuevo paso político. En un anuncio que sorprendió al mundo político israelí, el 28 de diciembre de 2010, Bennett y Shaked anunciaron que dejarían *Habayit HaYehudi* para formar un nuevo partido: *HaYamin HeHadash.*

Aunque Shaked tenía sus reservas sobre dejar el partido, pues le preocupaba que pudiera ser demasiado arriesgado salir por su cuenta, Bennett insistió. Las tensiones dentro del partido habían escalado a nuevas alturas. Bennett había sido llevado al tribunal interno del partido en varias ocasiones debido a desacuerdos, pero también hubo otros factores que presionaron su decisión.

Bennett y Shaked se habían enfrentado varias veces con el ministro de Agricultura, Uri Ariel, y el diputado Bezalel Smotrich, quien encabezaba la intransigente facción *Tkuma* dentro del partido *Habayit HaYehudi.*

"Bennett y Shaked no creen que puedan ganar nunca el liderazgo de Israel mientras estén asociados con un partido religioso", dijo Smotrich, y la división fue, por lo tanto, "inevitable."[150]

Bennett llevaba tiempo sintiendo que *Habayit HaYehudi* no podía influir en la política del gobierno de Netanyahu y que el Primer Ministro sentía que los sionistas religiosos estaban "en su bolsillo" y que, al final, siempre salía adelante con lo que él quería.

Así, en una rueda de prensa en Tel Aviv, el ministro de Educación, Naftali Bennett, y la ministra de Justicia, Ayelet Shaked, dijeron que copresidirían el nuevo partido, que incluía miembros religiosos y laicos.

Ambos ministros estaban montando una alta ola política, con encuestas internas que mostraban que la marca "Bennett y Shaked" tenía una base incondicional que le garantizaba cuatro escaños. Estaba compuesta por ardientes partidarios que los seguirían a cualquier partido que eligieran. La evaluación general era que saldrían de las elecciones del 9 de abril con 8 a 10 escaños.

Bennett y Shaked buscaban avanzar con su nuevo partido hacia el centro de la sociedad secular. Estaban convencidos de que podían ofrecer un hogar a los sionistas religiosos que consideraban que *Habayit HaYehudi* había ido demasiado lejos. Se presentaron como una alternativa general de derecha al *Likud* en lugar del enfoque sectario de su antiguo partido.

Bennett incluso colocó a la propietaria del equipo de fútbol *Hapoel Beersheba*, Alona Barkat, como número tres de la lista en su intento de llegar a los votantes de las ciudades periféricas.

Otros candidatos de *HaYamin HeHadash* incluían a Shuli Mualem, una diputada con inclinaciones teocráticas, y Caroline Glick, quien apoya la anexión de Cisjordania en su totalidad. [151]

Después de que el Comité Electoral Central terminara de contar los últimos 265.000 votos de soldados, diplomáticos, personal médico y pacientes en hospitales, presos y personas discapacitadas, *HaYamin HeHadash* había recibido solo 138.101 votos, 1.400 menos de los necesarios para cruzar el umbral de 3,25. por ciento del voto nacional que les permitiría calificar a la *Knéset*.

La noche de las elecciones, una foto tomada por el fotógrafo jefe de *The Jerusalem Post*, Marc Israel Sellem, muestra a Bennett y Shaked caminando por un pasillo luciendo agotados y abatidos. Lo decía todo.

En una reveladora evaluación titulada: "¿Cómo terminaron dos de los ministros más prominentes de Israel fuera de la 21ª *Knéset*? Jacob Magid de *The Times of Israel* escribió:

> "Más allá de elegir un público demasiado limitado en un campo religioso nacional ya fracturado, los mensajes de la campaña de la "Nueva Derecha" eran también bastante específicos.
> "Shaked derrotará al Tribunal Superior de Justicia, Bennett derrotará a *Hamás*", decían los carteles de la campaña del partido, pegados a lo largo de las carreteras de todo el país.
> Si bien muchos en la derecha aprecian a Shaked por haber nombrado a más jueces conservadores en todos los niveles de los tribunales de Israel y

apoyan su objetivo declarado de aprobar una legislación en la próxima *Knéset* que limitará el poder del Tribunal Superior de revocar legislación, este tema es en gran parte elitista, queda empequeñecido por las preocupaciones de seguridad y las preocupaciones socioeconómicas que muchos israelíes tenían en mente cuando llegaron a las urnas." [152]

Shaked y Bennett permanecieron en el gobierno. En teoría, hasta que la nueva administración que se formara como resultado de las elecciones del 9 de abril los echara.

Bennett, le entregó a Shaked las riendas del partido, y ella rápidamente se movió para tratar de evitar otro fracaso buscando fusionar a *HaYamin HeHadash* con otros partidos religiosos de derecha. La alianza resultante entre *HaYamin HeHadash*, *Habayit HaYehudi*, Unión Nacional *Tkuma* fue denominada *Derecha Unida*, más tarde rebautizada como *Yamina*.

Esto no fue más que una movida estratégica de todas los partidos involucrados a fin de evitar la dispersión de votos. Bennett aseguró a los posibles votantes que la nueva alianza de *Yamina* no sería más que un "bloque técnico" únicamente para las próximas elecciones y que los partidos se separarían tras ingresar a la Knéset.

En las elecciones generales de abril de 2019, el partido *Likud* de Netanyahu había obtenido 35 de los 120 escaños en la *Knéset*. Este fue el mejor resultado del partido desde las elecciones de 2003, cuando había obtenido 38 escaños con Ariel Sharon y el mejor con Netanyahu.

Aunque el principal partido centrista de la oposición, Azul y Blanco, había obtenido el mismo número de votos que el *Likud*, el partido de Netanyahu fue nominado para formar un nuevo gobierno por 65 legisladores de partidos de derecha. Ahora estaba en la primera posición en las negociaciones para formar una coalición de derecha.

Sin embargo, tras semanas de negociaciones políticas, no logró obtener una mayoría parlamentaria.

El principal punto de fricción era un proyecto de ley militar que había creado una fisura entre dos partes de la alianza de derecha de Netanyahu: la facción secular *Yisrael Beiteinu* y los partidos *jaredíes*.

Aunque la mayoría de los hombres y mujeres judíos son reclutados a los 18 años y sirven al menos dos años en el ejército israelí, los *jaredíes* dedicados a estudios religiosos a tiempo completo han sido exentos del servicio militar obligatorio.

Las estadísticas del Instituto de la Democracia de Israel mostraron que los *jaredíes* constituían alrededor del 11 por ciento de la población de Israel, lo que generaba un gran resentimiento en el país.

En 2017, la Corte Suprema dictaminó que una exención masiva del servicio militar para los judíos *jaredíes* era discriminatoria e inconstitucional. El tribunal dio al gobierno un año para redactar una nueva ley. Así, durante la última sesión de la Knéset, Avigdor Lieberman, el líder del partido Yisrael Beitenu, había presentado un proyecto de ley que aumentaría gradualmente la cuota de hombres *jaredíes* que deberían ser enlistados en el servicio militar e impondría sanciones y multas si no se alcanzaba la cuota.

Aunque era poco probable que el proyecto de ley cambiara el status quo de manera significativa, ninguna de las dos partes del enfrentamiento se echó atrás. Los *jaredíes* tenían 16 legisladores, por lo que Netanyahu culpó a Lieberman, que solo controlaba cinco escaños en la nueva Knéset, de privarlo de la mayoría que necesitaba para gobernar.

Normalmente, Netanyahu podría haberse acercado a los centristas para explorar una coalición alternativa o al menos para forzar un compromiso con la derecha. Pero el partido centrista Azul y Blanco de Ganz dijo que no trabajaría con Netanyahu mientras este estuviera acusado de corrupción. El pequeño partido de centro izquierda *HaHavoda* rechazó un acercamiento.

En lugar de dejar que la iniciativa pasara al presidente de Israel, Reuven Rivlin, quien podría haberle pedido a otro legislador que intentara formar un gobierno, Netanyahu optó por impulsar nuevas elecciones.
Las nuevas elecciones fueron entonces convocadas para el 17 de septiembre de 2019.

Gracias a que Netanyahu no pudo formar una coalición, Shaked y Bennett tuvieron una nueva oportunidad en la *Knéset*.

En su intento de asegurar las próximas elecciones, Netanyahu apoyó la fusión de los partidos religiosos nacionalistas.

Sin embargo, los informes decían que Netanyahu no respaldaba a Shaked porque su esposa "Sara dice que es Ayelet quien está inculpando a

Netanyahu" en los casos de corrupción en su contra. Se puede escuchar una grabación filtrada:

"Netanyahu quiere incluir a *Habayit Hayehudi* en su próximo gobierno. Pero no llevará a Ayelet Shaked con él." [153]

La elección del 17 de septiembre fue otra contienda reñida, en la que el partido *Azul y Blanco* de Benny Gantz obtuvo 33 escaños frente a los 32 del *Likud*. Ambos no lograron obtener suficientes votos para formar una coalición con mayoría.

El presidente Reuven Rivlin le pidió una vez más a Netanyahu que formara un gobierno, dándole 28 días para intentarlo.

Para la alianza *Yamina*, sin embargo, la elección dio sus frutos. Habiendo obtenido siete mandatos, Bennett recuperó su escaño en la Knéset.

En noviembre, *Yamina* y *Likud* anunciaron que los dos partidos se unirían como una sola facción.

Para evitar que Bennett cruzara las líneas hacia el partido rival *Azul y Blanco*, Netanyahu finalmente nombró a Bennett ministro de Defensa en noviembre de 2019. De esta manera Bennett se convirtió en el ministro de Defensa más joven en la historia del estado." [154]

El 10 de febrero en un evento de campaña en el Valle del Jordán, Netanyahu dijo

"El partido *Azul y Blanco* estuvo a punto de tener un gobierno. Hice la jugada en el último momento y lo nombré ministro de Defensa. Esa es la verdad." [155]

Seis meses después, como resultado de un nuevo acuerdo gubernamental, Gantz, quien se había opuesto al nombramiento de Bennett, lo reemplazaría en la cartera de la Defensa.

Pero en ese momento Bennett estaba a cargo de la mayor maquinaria organizativa de todo Israel, las Fuerzas de Defensa de Israel.

Cuando salió a la luz que Israel no estaba preparado para realizar suficientes pruebas de coronavirus, Bennett puso las inconmensurables capacidades humanas y tecnológicas de las FDI para hacer frente a la crisis de Corona.

Como Shlomi Eldar, escribiendo para *Al-Monitor*, dijo sobre Bennett:

> "Es una persona que logra hacer cosas. Piensa fuera de la caja y está familiarizado con el sistema rígido. Así, por ejemplo, sabe cómo aprovechar el Departamento de Investigación de la Inteligencia Militar israelí." [156]

Bennett afirmó:

> *"El Ministerio de Salud no tiene experiencia real en la gestión de crisis. La gestión de decenas de miles de pruebas por día no es algo que puedan hacer. ¡Si la gestión de la crisis del coronavirus no se transfiere inmediatamente al establecimiento de defensa, no podremos volver a la normalidad! He hablado en voz baja al respecto hasta ahora,*

¡pero se trata de una cuestión de vida o muerte!" [157]

Eldar explicó en un segmento que merece ser citado con cierta amplitud debido a su perspicacia:

"El Departamento de Investigación está encargado de analizar la información recopilada por las agencias de inteligencia que operan en diferentes frentes. Algunas de las mejores mentes de la inteligencia israelí encabezan el departamento. Ellos son los que proporcionan los informes de estado más actualizados al establecimiento de defensa en general y a los responsables de la toma de decisiones en particular. Estos incluyen advertencias y amenazas contra Israel ahora y en el futuro. Bennett ha puesto este sistema a disposición del sistema de salud para ayudarlo a recopilar y analizar datos de otros países que también se enfrentan al coronavirus La hipótesis de trabajo es que la gente de los servicios de inteligencia tiene la capacidad y los medios para examinar los datos y responder a las consultas de los altos cargos del sistema de atención de la salud.

Un portavoz del ejército reveló esta cooperación interministerial con el objetivo de ganar la admiración de los militares y señalar a los dirigentes políticos que el bien engrasado sistema de defensa tiene mucho que ofrecer. El ejército puede contribuir y de hecho lo hacen mucho más allá del despliegue de soldados para patrullar las calles y ayudar a la policía a hacer cumplir las órdenes de cierre en pueblos y ciudades.

Un alto funcionario no identificado del Departamento de Investigación que habló con *"Ynet"* explicó las ventajas de utilizar el Departamento de Investigación.

"Los líderes del sistema de salud se acercaron y nos dijeron que estaban acostumbrados a esperar un mes, incluso mes y medio, para obtener una respuesta a sus consultas, pero cuando nos preguntaron, les dimos una respuesta en diez minutos". Continuó diciendo que se había establecido un centro conjunto del Ministerio de Salud e Inteligencia Militar en el Hospital Sheba, y que ahora esta funciona como una sala de guerra en la batalla contra el coronavirus." [158]

Después de que se formara un nuevo gobierno en mayo de 2020, y de que Bennett optara por los escaños de la oposición en lugar de unirse a él, continuó luchando contra el virus incluso después de dejar el gobierno.

Dado que Netanyahu no logró hacer frente de manera efectiva a la segunda ola del coronavirus y con la intensificación de las manifestaciones contra el gobierno, Bennett fue ganando un apoyo cada vez mayor.

No tenía ningún ministerio, ni estatus o cargo político. Sin embargo, salió a la calle y presentó su propio plan para manejar la crisis. Corrió de un estudio de televisión a otro. Sembró las redes sociales con sus soluciones, proponiendo iniciativas, presentando estrategias y reuniéndose con las víctimas de las secuelas económicas de la pandemia, destacando sobre el telón de fondo el fracaso del gobierno para frenar la enfermedad." [159]

Continuo intentando ampliar su atractivo mediante la publicación de planes para contener COVID-19 y ayudar a la economía.

Epílogo

A pesar de que la escena política permaneció tan fragmentada como antes, en mayo de 2020, con el mundo preso por la pandemia de coronavirus, Netanyahu logró formar un gobierno con Benny Gantz. Ambos declarando que habían dejado de lado sus diferencias. Según los términos del acuerdo, Netanyahu seguía siendo primer ministro mientras que se creaba un nuevo puesto, el de primer ministro suplente, para Gantz. Supuestamente esto significaba que después de dos años, Gantz se convertiría en el próximo primer ministro.

Bennett, sin embargo, se mantuvo firme. Se negó a unirse a la coalición, culpando a Netanyahu de no entablar correctamente en las negociaciones con *Yamina*, el camuflaje político que había creado con Ayelet Shaked.

Aunque finalmente se forjó una coalición, Netanyahu y Gantz, quienes nunca se sintieron cómodos el uno con el otro, no duraron mucho antes de separarse.

Tras no aprobar un presupuesto, la *Knéset* se disolvió el 23 de diciembre y la coalición se disolvió con tan solo seis meses de existencia.

Se convocaron nuevas elecciones, la cuarta en dos años, para el 23 de marzo de 2021.

A las 11:35 p.m. el 3 de junio de 2021 llamando desde el sexto piso del hotel Kfar Maccabiah, Naftali Bennett y Yair Lapid informaron al entonces presidente Reuven Rivlin que lo improbable había sucedido.

Habían logrado formar una coalición de partidos políticos diversos e incluso opuestos.

El 13 de junio de 2021 marcó el comienzo de algo nuevo en Israel.

Fue la comprensión, al menos para la mitad de la élite política del país, de que tan importante como tener convicciones en la vida es tener sentido común.

Unos meses antes, el 5 de agosto de 2020, ahogando lágrimas, Bennett pronunció una conmovedora y apasionada reprimenda en la *Knéset*.

"¿Están locos? ¿Qué han hecho? ¿Qué han hecho? Están arruinando la vida de millones de ciudadanos del Estado de Israel. ¡Los están matando! Los niños con discapacidades no tendrán soluciones porque están peleando entre ustedes. ¿Qué más tengo que hacer? ¿Qué? ¡Que Dios nos ayude!"

Cuando era ministro de Defensa, trabajaba los sábados. Profané el Shabat porque consideré que estaba salvando una vida. ¡Es salvar una vida! ¡La gente se está muriendo! ¿Qué están haciendo? No pueden culpar a nadie más que a ustedes mismos.

La Dra. Michal Tsur, quien fuera uno de los socios que junto con Bennett crearon la empresa de seguridad Cyota, dijo sobre él en una entrevista en el medio israelí *"Calcalist"* a fines de 2020:

"No tengo las mismas opiniones políticas que Bennett, pero aprecio su conjunto

de valores los que están detrás de su actividad
política. Se preocupa por el país y su existencia
y eso es lo que lo llevó a la política. Hablamos
todo el tiempo y también aprecio muchas de sus
características las que no veo con otros políticos,
tales como dar un ejemplo personal o la
capacidad de rodearse de gente muy talentosa,
creativa e inteligente."

Ocho partidos: tres de derecha, dos de centro,
dos de izquierda y uno árabe, escucharon el mensaje de
Bennett y Lapid.

Y el 13 de junio, en palabras del autor Yossi
Klein Halevi

"Estaba el Israel de la profanación,
diputados gritando, rostros contorsionados por el
odio, pisoteando la dignidad del estado mientras
se negaban a permitir que el primer ministro
designado hablara en su propia investidura.
Y estaba el Israel de Naftali Bennett y
Yair Lapid, hablando con pasión, razón y
autocontrol mientras presentaban su coalición de
curación." [160]

Veintisiete miembros del gabinete, dos de ellos
árabes, un druso y un musulmán; nueve mujeres, tres
hombres observantes de la ley religiosa judía con la
cabeza cubierta. Cinco de ellos inmigrantes, nacidos en
Etiopía, Marruecos y la ex Unión Soviética, al frente de
lo que Yossi Klein Halevi describe con precisión como
el "proyecto Israel".

Por difícil que sea visualizarlo, este es el mismo
Israel que hace más de dos mil años fue impulsado por la

misma dinámica que resultó de los enfrentamientos entre reyes, profetas y sacerdotes.

Detrás de todos los esfuerzos por analizar la situación actual con ideas políticas como izquierda y derecha, nacionalismo y cosmopolitismo, y una decena de otros conceptos, existe la misma confrontación que enfrentaron profetas bíblicos como Jeremías: saber cuándo dejar atrás el pasado y seguir adelante y seguir avanzando hacia el futuro.

A pesar de su afición por el pasado, los judíos viven en el futuro. ¿Cómo podría ser de otro modo?

"Mis planes para ustedes solamente yo los sé, y no son para vuestro mal, sino para vuestro bien. Voy a darles un futuro lleno de bienestar." (Jeremías 29: 11)

Referencias

Abramov, Zalman, S.: *Perpetual Dilemma: Jewish religion in the Jewish state* (Associated University Presses, New Jersey, 1979)

Agus, Jacob, Bernard: *High priest of rebirth: the life, times, and thought of Abraham Isaac Kuk* (Bloch Publishing Company, New York, 1972)

Aran, Gideon: "Redemption as a catastrophe: the gospel of Gush Emunim," in *Religious radicalism and politics in the Middle East,* Emmanuel Sivan and Menachem Friedman (Eds.) (State University of New York Press, New York, 1990), pp. 157- 175

____ "Jewish Zionist Fundamentalism," in Martin E. Marty and R. Scott Appleby (Eds.) *Fundamentalisms Observed* (The University of Chicago Press, Chicago and London, 1994) pp. 265- 344

____ " The father, the son, and the holy land," in *Spokesmen for the despised: fundamentalist leaders of the Middle East*, R, Scott Appleby, ed. (The University of Chicago Press, Chicago, 1997), pp. 294- 327

Armstrong, Karen: *The battle for God* (Alfred A. Knopf, New York, 2000)

Aronoff, Yael, S.: *The Political Psychology of Israeli Prime Ministers When Hard-Liners Opt for Peace* (Cambridge University Press, New York, 2014)

Asa-El, Amotz: "Middle Israel: Voters shoved entire political system into the bag of cats," "The Jerusalem Post," October 4, 2019

Avishai, Bernard: *The tragedy of Zionism: how its revolutionary past haunts Israeli democracy* (Helios Press, New York, 2002)

Ben-Shlomo, Yoseph: "In defense of settlement: an interview with Professor Yoseph Ben- Shlomo," "Tikkun," Vol. 2, No2, spring 1987, pp. 72- 77

Ben Zion, Ilan: "Jewish Home MK calls for a Third Temple in Jerusalem," "The Times of Israel," 30 July 2012

Ben-Dor, Calev: "Naftali Bennett and Israel's (divided) National Religious Community: A Guide for the Perplexed," "Fathom Journal," June 2021

Bennett, Naftali: "An Hour with Naftali Bennett: Is the Right-Wing Newcomer the New Face of Israel?" "Time," Jan. 18, 2013

Bennett, Naftali: "Bennett: I'm more right-wing than Bibi, but I don't use the tools of hate," "Times of Israel," 24 February 2021

Callick, Rowan: "Thoroughly modern minister Naftali Bennett looks east for Israel's future," "The Australian.com," December 20, 2012

Carmeli, Gilad: "Cabinet minutes reveal failure to detect escalation on eve of 2014 Gaza war," "Ynet News.com", 02.28.17

Carter, Jimmy: *We can have peace in the holy land: a plan that will work*, (Simon & Schuster, New York, 2009)

Caspit, Ben: "Lapid-Bennett Alliance Shakes Up Israeli Politics," "al-Monitor," March 5, 2013

___ *The Netanyahu Years* (Thomas Dunne Books. St. Martin's Press, New York, 2017)

___ "Israel's defense minister rises to the COVID-19 threat," "Al- Monitor," April 2, 2020

___ "Naftali Bennett offers new, fresh, image with lots of leadership," "Al- Monitor," November 13, 2020

___ "Naftali Bennett could be Israel's next prime minister," Al- Monitor," May 7, 2021

Chafets, Zev, A match made in heaven. American Jews, Christian Zionists, and one man's exploration of the weird and wonderful judeo-evangelical alliance (Harper Perennial, New York, 2008)

___ "For Naftali Bennett, It Was Never About the Money," June 14, 2021
Erlanger, Steven and Kershner, Isabel: "Israel and Hamas Trade Attacks as Tension Rises," "The New York Times," July 8, 2014

Coren, Ora: "Naftali Bennett Has Transformed Israel's Trade Ministry, Both in Name and in Agenda," "Haaretz," May 19, 2013

Douek, Daniel: "Lawmaker backs segregated Jewish, Arab maternity wards," "The Times of Israel," April 2016

Eldar, Shlomi: "Israel's defense minister rises to the COVID-19 threat," "Al- Monitor," April 2, 2020

Estrin, Daniel: "Philosopher Micah Goodman is an Unofficial Counsel to Israel's Prime Minister," "NPR," August 25, 2021

Ettinger, Yair: "Naftali Bennett - Not What the Religious Zionists Expected," "Haaretz," Mar. 13, 2013

Evron, Boas: *Jewish State or Israeli Nation?* (Indiana University Press. Bloomington & Indianapolis, 1995)

Fisch, Harold: *The Zionist revolution: a new perspective* (St. Martin's Press, New York, 1978)

Freedman, Shalom: *Rabbi Shlomo Goren: Torah sage and general* (Urim Publications, Jerusalem, New York, 2006)

Friedman, Menachem:" The State of Israel as a theological dilemma," in *The Israeli state and society: boundaries and frontiers*, Baruch Kimmerling, ed. (State University of New York Press, Albany, N. Y., 1989), pp 165- 215

____" The ultra- orthodox in Israeli politics," "Jerusalem Letter," VP: 104 (Center for Public Affairs, Jerusalem, July 1990)

____" Jewish Zealots: conservative versus innovative," in *Jewish fundamentalism in comparative perspective: religion, ideology, and the crisis of modernity*, Laurence J. Silberstein, ed. (New York University Press, New York, 1993) PP. 148-163

_____" Haredi violence in contemporary Israeli society," in *Jews and violence: images, ideologies, realities* Peter Y. Medding Eds. (Oxford University Press, New York, 2002), pp. 186- 197

Friedman, Robert I.: *Zealots for Zion: inside Israel's West Bank settlement movement* (Rutgers University Press, 1994)

Gazit, Shlomo, Trapped Fools: *Thirty Years of Israel Policy in the Territories* (Frank Cass, London, 2003)

Girard, René: *Violence and the sacred*: Trans. Patrick Gregory (The John Hopkins University Press, Baltimore, 1979)

Goldberg, Jeffrey: "The New Yorker," May 31, 2004

Goodman, Micah: *Catch-67: The Left, the Right, and the Legacy of the Six-Day War* (Dvir-Publishing House Ltd., 2017)

_____ "How to Shrink the Israeli-Palestinian Conflict," "The Atlantic," January 28, 2021

_____ "Eight Steps to Shrink the Israeli-Palestinian Conflict," "The Atlantic," April 1, 2019

Goren, Shlomo Elyashiv: "Problems of a religious state," in *Religious Zionism: an anthology,* Yosef Tirosh ed. (The World Zionist Organization. The Department for Torah education and Culture in the

Diaspora. Organization and Information Department, Jerusalem, 1975), pp.180- 187

Gorenberg, Gershom: *The end of days: fundamentalism and the struggle for the Temple Mount* (The Free Press, New York, 2000)

___ *The accidental empire: Israel and the birth of settlements, 1967- 1977* (Times Books, New York, 2006)

___ *The unmaking of Israel,* (Harper Collins Publisher, Ltd. London/New York, 2011)

Gottesman, Evan: "Israel's Right Ascendant," "Israel Policy Forum," February 13, 2019

Greenberg, Irving, "Toward a principled pluralism, "in *Towards the twenty- first century: Judaism and the Jewish people in Israel and America. Essays in honor of rabbi Leon Kronish on the occasion of his seventieth birthday*, Ronald Kronish, ed. (Ktav Pub, New York, 1988)

___ "The ethics of Jewish power," in *Contemporary Jewish ethics and morality*, Elliot N Dorff & Louis E. Newman, eds. (Oxford University Press, New York, Oxford, 1995) pp. 403- 421

Gur, Haviv Rettig: "Western Wall egalitarian plaza greeted with skepticism," "The Times of Israel", 25 August 2013

___ "Can the Haredi parties afford a long stay in the opposition?" "The Times of Israel," June 23, 2021

Halpern, Ben: *The idea of the Jewish state*, (Harvard University Press, Cambridge, Massachusetts, 1969)

Harel, Amos: "Tunnels, Kugel and War: Israel's Young Right-wing Minister and His Secret Army Contacts," "Haaretz," Sep. 17, 2014 Updated: Apr. 10, 2018

___ "15 Years On, Mistakes of Second Lebanon War Dictate Israel's Next Moves," "Haaretz," Jul. 16, 2021

Harel, Amos; Ettinger, Yair and Lior, Ilan: "Former IDF Chief Rabbi Suspected of Leaking Secret Gaza War Info to Bennett," "Haaretz," Sep. 16, 2014, Updated: Apr. 10, 2018

Heilman, Samuel C.: "Quiescent and active fundamentalisms: the Jewish cases," in *Accounting for fundamentalisms: the dynamic character of movements*. Martin E. Marty and R. Scott Appleby (eds.) (The University of Chicago Press, Chicago and London, 1994), pp. 173-196

___ " Guides of the faithful: contemporary religious Zionist rabbis," in *Spokesmen for the despised: fundamentalist leaders of the Middle East*, R, Scott Appleby, ed. (The University of Chicago Press, Chicago, 1997), pp. 328- 362

Heilman, Samuel C. and Friedman, Menachem: "Religious Fundamentalism and Religious Jews: The Case of the Haredim," in *Fundamentalisms Observed*, Martin E. Marty, R. Scott Appleby, (eds.) (The

University of Chicago Press, Chicago, 1991), pp. 197-264

Heilman, Uriel: "On Israeli religious reforms, Naftali Bennett still figuring out road map," "JTA," Nov. 19, 2013

Hermann, Tamar and Newman, David "The dove and the skullcap: secular and religious divergence in the Israeli peace camp," in *Religious and secular conflict and accommodation between Jews in Israel*, Charles S. Liebman ed. (Keter Publishing House, Jerusalem, 1990)

Horovitz, David: "Bennett: I'm more right-wing than Bibi, but I don't use the tools of hate," "Times of Israel," 24 February 2021

Hertzberg, Arthur, "Israel: the tragedy of victory," in *A Middle East reader: selected essays on the Middle East from the New York Review of Books*, Robert B. Silvers and Barbara Epstein, Eds. (The New York Review of Books, New York, 1991), pp. 58- 75

Herzog, Chaim, The Arab-Israeli wars: war and peace in the Middle East from the 1948 war of independence to the present (Vintage Book, New York, 2005)

Hovel, Revital: "Deconstructing Naftali Bennett: Growing Up to Be a Leader," "Haaretz," Jan. 18, 2013

Inbari, Motti: *Messianic Religious Zionism Confronts Israeli Territorial Compromises* (Cambridge University Press, New York, 2012)

Isaac, Rael Jean, *Israel divided: ideological politics in the Jewish state* (The Johns Hopkins University Press, Baltimore and London, 1976)

Jeffay, Nathan: "Losing a Mentor, Gaining an Opponent," "Forward," August 25, 2010

Karpin, Michael and Friedman, Ina: *Murder in the name of God the plot to kill Yitzhak Rabin* (Henry Holt, New York, 1998)

Katz, Jacob, Exclusiveness and tolerance: studies in Jewish- Gentile relations in Medieval and Modern times, (Behrman House, Inc. NJ, 1961)

____"Israel and the Messiah," in *Essential papers on messianic movements and personalities in Jewish history*, Marc Saperstein (ed.) (New York University Press, New York and London, 1992) pp. 475- 491.

Kessler, Oren: "The Meaning of Israel's First Religious Prime Minister," "Foreign Policy," June 7, 2021

Kimball, Charles: *When religion becomes evil* (Harper Collins, San Francisco, 2003)

Kimmerling, Baruch: *The invention and decline of Israeliness: state, society, and the military* (University of California Press, Berkeley, Los Angeles, London, 2001)

King, Laura: "He 'won the lottery' of Israeli politics. But Naftali Bennett remains an enigma," Los Angeles Times," June 10, 2021

Kingsley, Patrick: "Israel Moves Toward Coalition Deal That Could Sideline Netanyahu," "The New York Times," May 30, 2021

Knohl, Dov: *Siege in the hills of Hebron: the battle of the Etzion Bloc* (Kfar Etzion Educational Center, Boys Town Jerusalem, 1989)

Kook, Zvi Yehuda "Zionism and biblical prophecy," in *Religious Zionism: an anthology*, Yosef Tirosh ed. (The World Zionist Organization. The Department for Torah Education and Culture in the Diaspora. Organization and Information Department, Jerusalem, 1975)

Laqueur, Walter: *A history of Zionism* (Schoken Books, New York, 1972)

Lehmann, David and Siebzehner, Batia, *Remaking Israeli Judaism the challenge of Shas* (Hurst Company, London, 2006)

Leibowitz, Yeshayahu: *Judaism, human values, and the Jewish state* (Harvard University Press, Cambridge, Massachusetts, 1995)

Levinson, Chaim: "Bennett Moves Habayit Hayehudi Ticket Slightly to the Left," "Haaretz," Jan. 28, 2015

___ "Soccer Star Eli Ohana Quits Habayit Hayehudi, Amid Criticism," "Haaretz," Jan. 29, 2015

Littman, Shany: "Deconstructing Naftali Bennett: The Start-up Years," "Haaretz," January 18, 2013

Lubell, Maayan: "For Habayit Hayehudi, an independent Palestine amounts to 'suicide' for Israel," Haaretz," Feb. 26, 2015

Lustick, S. Ian: *For the land and the Lord: Jewish fundamentalism in Israel* (Council of Foreign Relations, New York, 1988)

___" Jewish fundamentalism and the Israeli-Palestinian impasse," in *Jewish fundamentalism in comparative perspective: religion, ideology, and the crisis of modernity* Laurence J. Silberstein ed. (New York University, New York, 1993)

Magid, Jacob: "How did 2 of Israel's most prominent ministers end up outside the 21st Knesset?" "The Times of Israel," 12 April 2019

Mamlak, Gershon: "On the Integrity of Judaism," in *Essays on the Thought and Philosophy of Rabbi Kook*, Ezra Gellman (ed.) (Cornwall Books, New York, London, Toronto, 1991)

Margalit, Ruth: "How the Religious Right Transformed Israeli Education," "The New Yorker," August 23, 2019

Mergui, Raphael: *Israel's ayatollahs: Meir Kahane and the far right in Israel*, (Saqi Books, London, 1987)

Meyer, Michal: "A city won by accident," *Jerusalem Post*, May 31, 2002

Miller, Emanuel: "Who Is Israel's New Prime Minister Naftali Bennett?" "Honest Report," June 16, 2021

Morgenstern, Arie: *Hastening redemption: messianism and the resettlement of the land of Israel.* Joel A. Linsider, trans. (Oxford University Press, Oxford, 2006)

Morris, Benny: *The road to Jerusalem: Glubb Pasha, Palestine and the Jews* (I.B. Tauris, London, 2003)

Mualem, Mazal: "Netanyahu's New Strongman," "Al-Monitor," March 15, 2013

___ "Netanyahu bitter over justice minister appointee," "Israel Pulse," May 8, 2015

___ "Netanyahu critic wins prestigious literary award," "Al-Monitor, June 16, 2017

___ "The 'Bennett and Shaked' brand: Israel's political stars fall to earth," "Al-Monitor," April 17, 2019

___ "Could Bloc for Change really replace Netanyahu?" "Al-Monitor," April 27, 2021

Much, Afif Abu: "In first for Israel, Arab party speaks with official voice in coalition talks," "Al-Monitor," June 2, 2021

Oren, B. Michael: *Six days of War: June 1967 and the Making of the Modern Middle East,* (Random

House Publishing Group, United States of America, 2002, 2003)

Pfeffer, Anshel: Bibi: *The Turbulent Life and Times of Benjamin Netanyahu,* (Basic Books, New York, 2018)

Pfeffer, Anshel: "Naftali Bennett, Next Israeli PM: The Man Behind the Slogans and Stereotypes," "Haaretz," Jun. 13, 2021

Rael, Isaac, Jean: *Israel divided: ideological politics in the Jewish state* (The Johns Hopkins University Press, Baltimore and London, 1976)

Ravid, Barak: "Deconstructing Naftali Bennett: The Netanyahu Years," "Haaretz," Jan. 18, 2013, Updated: Apr. 10, 2018

Ravitzky, Aviezer, "Roots of Kahanism: consciousness and political reality," *The Jerusalem Quarterly*, No. 39, 1986, pp. 90- 108

____" Religious radicalism and political messianism," in *Religious Radicalism and Politics in the Middle East.* Emmanuel Sivan and Menachem Friedman, Eds. (State University of New York Press, New York, 1990)

____*Messianism, Zionism, and Jewish religious radicalism*, trans. Michael Swirsky and Jonathan Chipman (University of Chicago Press, Chicago, 1993).

____" Let us search our path": religious Zionism after the Assassination," in *The assassination of Yitzhak*

Rabin, Yoram Peri ed. (Stanford University Press, Stanford, California, 2000), pp. 141- 162

Remnick, David: "The Party Faithful," "The New Yorker," January 21, 2013

Rosenberg, Yai: "Why Naftali Bennett Decapitated the Settler Right and What It Means for Israel's Future," "Tablet Magazine," January 15, 2019

Rosner, Shmuel and Fuchs, Camil: *Israeli Judaism: Portrait of a Cultural Revolution* (The Jewish People Institute, Jerusalem, 2019)

Ross, Dennis: *The missing peace: the inside story of the fight for Middle East peace* (Farrar, Straus and Giroux, New York, 2004)

Roth-Avneir, Danielle: "A New Chapter in Israeli Politics," "Algemeiner," June 15, 2021

Rudoren, Jodi: "Dynamic Former Netanyahu Aide Shifts Israeli Campaign Rightward," "The New York Times," Dec. 26, 2012

Sachar, Howard, M.: *A History of Israel: From the rise of Zionism to our time*, (Alfred A. Knoppf, New York, 2007)

Schwartz, Dov: *Faith at the crossroads: a theological profile of religious Zionism.* Trans. Batya Stein (Brill, Boston, 2002)

Schweid, Eliezer: *The land of Israel: national home or land of destiny.* Trans. Deborah Greniman

(Associated University Presses, London and Toronto, 1985)

Segal, Haggai: *Dear brothers: The West Bank Jewish Underground* (Beit- Shammai Publication, Woodmere N. Y., 1988)

Shaked, Ayelet: "An Interview with Ayelet Shaked," August 15, 2012. http://yoelmeltzer.com/an-interview-with-ayelet-

Shapira, Anita: *Israel: A History* (Brandeis University Press, Waltham, Massachusetts, 2012)

Sharon, Jeremy: "Bayit Yehudi is over - Does their public need a party anymore?" "The Jerusalem Post," February 7, 2021

Shavit, Ari (*Haaretz, Friday Magazine*, March 22, 2002) in Amon, Moshe: "Terrorism and Political Violence," Vol. 16, Spring 2004, Number 1, pp.53-54

Sherwood, Harriet: "Interview Naftali Bennett interview: 'There won't be a Palestinian state within Israel'" "The Guardian," Mon 7 Jan 2013

Sprinzak, Ehud: "Unrestrained intercommunal violence; the case of Rabbi Kahane and Kach," in *Fundamentalisms and the state: remaking polities, economies and militance* Martin E. Marty; F. Scott Appleby; R. Scott Appleby (Eds.) (University of Chicago Press, Chicago, 1996), pp. 477- 490

____*Brother against brother: violence and extremism in Israeli Politics from Altalena to the Rabin Assassination* (Free Press, New York, 1999)

____"Rational fanatics," *Foreign Policy* September/October 2000

____" Israel's radical right and the countdown to the Rabin assassination," in *The assassination of Yitzhak Rabin*, Yoram Peri ed. (Stanford University Press, Stanford, California, 2000), pp. 96-128

Srivastava, Mehull: "Naftali Bennett reaps reward for calculated rise to summit of Israeli politics," "Financial Times," June 9, 2021

Stub, Zev: "Israel Elections: Which economic plan does Israel really need?" "The Jerusalem Post," March 17, 2021

Taub, Gadi: *The Settlers: And the struggle over the meaning of Zionism*, (Yale University, 2010)

Tucker, Nati: "Executive with Ties to Netanyahu Is to Join Army Radio Supervisory Body," "Haaretz," Jun. 10, 2013

Vick, Karl: "An Hour with Naftali Bennett: Is the Right-Wing Newcomer the New Face of Israel?" "Time," Jan. 18, 2013

Vidal, Elihay: "Israel PM Bennett nets millions from Payoneer SPAC offering," 24.06.21, https://www.calcalistech.com/ctech/articles/0,7340,L-3909653,00.html

Vital, David, *Zionism: the formative years* (Clarendon Press, Oxford, 2001)

Wiener, Julie: "Who is Ayelet Shaked, Israel's new justice minister?" "The Times of Israel," Friday, May 8, 2015

Winer, Stuart: "Jewish Home approves major party changes," "The Times of Israel," 11 September 2014

Wootliff, Raoul: "Bennett, Shaked quit Jewish Home, announce formation of 'The New Right'," "The Times of Israel," December 2018

____ "Yamina party officially splits into New Right, Jewish Home-National Union," "The Times of Israel," 10 October 2019

____ "Yamina No. 3 Alon Davidi quits incoming Knesset before being sworn in," "Times of Israel," 5 April 2021

____ "Bennett: 'I told my kids their father will be the most hated person in Israel' "The Times of Israel," 4 June 2021

Yudelson, Larry: "When Israel's prime minister lived in Teaneck," "Jewish Standard," June 16, 2021

Zertal, Idith and Eldar, Akiva: *The Lords of the Land: The War Over Israel's Settlements in the Occupied Territories, 1967- 2007*. (Nation Books, New York, 2007)

Zilber, Neri: "The Tent Protest: Israel's Social-Democratic Movement," "Dissent," August 3, 2011

Ziv, Guy: Can Bennet, a Right-Wing Provocateur, Save Israel's Democracy," "Haaretz," June 13, 2021

Notas a pie de página/ notas finales

[1] Baron, S. W.: A Social and Religious History of the Jews, Vol. I. p. 26

[2] Greenberg, Irving: "The Ethics of Jewish Power," en *Contemporary Jewish Ethics and Morality: A reader*, Elliot N. Dorff & Louis E. Newman (eds.), p. 420

[3] (1762-1839)

[4] ("judíos ultra- ortodoxos")

[5] Hartman, Donniel: *The Boundaries of Judaism*, p. 111

[6] Moses Sofer [Hatam Sofer], "Eleh Divrei Habrit" [Estas son las palabras del Pacto] (publicado originalmente en 1819, in *The Jew in the Modern World*, ed. Mendes- Flohr and Yehuda Reinharz (New York: Oxford University Press, 1980), pp. 32 ff.

[7] Moses Sofer, *Responsa Hatam Sofer, O. H.* 28, 148, and 181; *Y.D.* 19 and 286

[8] (1865-1935)

[9] Agus, J. B.: Guideposts in Modern Judaism, p.36

[10] Aran, Gideon: "The Father, the Son, and the Holy Land," in *Spokesmen for The Despised: Fundamentalist Leaders of the Middle East*, R. Scott Appleby, ed., p. 300

[11] "En hebreo, no hay ninguna palabra, ninguna traducción exacta, para "competencia". Necesitamos una palabra para ello, y ciertamente necesitamos competencia". Bennett, Naftali: "Bennett: I'm more right-wing than Bibi, but I don't use the tools of hate," "Times of Israel," 24 February 2021

[12] Rosner, Shmuel and Fuchs, Camil: *Israelite Judaism: Portrait of a Cultural Revolution* (Kindle loc. 134)

[13] *Ibid.* (Kindle loc. 102)

[14] Gur, Haviv Rettig: "Can the Haredi parties afford a long stay in the opposition?" "The Times of Israel," June 23, 2021

[15] El Parlamento israelí

[16] Littman, Shany: "Deconstructing Naftali Bennett: The Start-up Years," "Haaretz," January 18, 2013

[17] Ibid.

[18] Ibid.

[19] Ibid.

[20] Remnick, David: "The Party Faithful," "The New Yorker," January 21, 2013

[21] Fuerzas de Defensa de Israel

[22] "Unidad de Reconocimiento del Estado Mayor"

23 Yudelson, Larry: "When Israel's prime minister lived in Teaneck," "Jewish Standard," June 16, 2021

24 "Que este sentimiento encuentra una especie de acuerdo en gran parte de la población israelí ha sido expresado por el periodista israelí Amos Harel en un artículo publicado el 16 de julio de 2021 en el periódico "Haaretz", "Cada conversación con oficiales que lucharon entonces como comandantes de compañías y batallones y que han sido ascendidos desde entonces desencadena dos análisis. En primer lugar, creen que el ejército funcionó de forma aún más caótica en aquella guerra de lo que se creía.
En segundo lugar, los preparativos ante una posible guerra en Líbano o Gaza en el futuro se basan en corregir los errores de 2006. Las lecciones destacan en varias áreas: pulir los planes operativos, racionalizar la producción y el uso de la inteligencia y mejorar el trabajo de los puestos de mando". (Harel, Amos; "15 Years On, Mistakes of Second Lebanon War Dictate Israel's Next Moves," "Haaretz," Jul. 16, 2021)

25 Bennett, Naftali quoted by Kessler, Oren: "The Meaning of Israel's First Religious Prime Minister," "Foreign Policy," June 7, 2021

26 Fue derrotado en las elecciones de 1999 por Ehud Barak

27 Bajo su liderazgo, el partido no consiguió más que doce escaños en la Knéset, mientras que Ehud Olmert, del partido centrista Kadima, se convirtió en el duodécimo primer ministro de Israel

28 Shaked, Ayelet: "An Interview with Ayelet Shaked," August 15, 2012. http://yoelmeltzer.com/an-interview-with-ayelet-

29 Caspit, Ben: *The Netanyahu Years* (Kindle Loc. 3258)

30 Hovel, Revital: "Deconstructing Naftali Bennett: Growing Up to Be a Leader," "Haaretz," Jan. 18, 2013

31 Ravid, Barak: "Deconstructing Naftali Bennett: The Netanyahu Years," "Haaretz," Jan. 18, 2013, Updated: Apr. 10, 2018

32 Caspit, Ben: *The Netanyahu Years* (Kindle Loc. 3269)

33 Mualem, Mazal: "Netanyahu bitter over justice minister appointee," "Israel Pulse," May 8, 2015

34 Tucker, Nati: "Executive with Ties to Netanyahu Is to Join Army Radio Supervisory Body," "Haaretz," Jun. 10, 2013

35 Ravid, Barak: "Deconstructing Naftali Bennett: The Netanyahu Years," "Haaretz," Jan. 18, 2013, Updated: Apr. 10, 2018

36 Pfeffer, Anshel: Bibi: The Turbulent Life and Times of Benjamin Netanyahu, (Kindle loc. 5850)

37 Littman, Shany: "Deconstructing Naftali Bennett: The Start-up Years," "Haaretz," Jan. 18, 2013

38 Ibid.

39 Ibid.

40 Ibid.

[41] Oren, B. Michael: Six days of War: June 1967 and the Making of the Modern Middle East, p. 187

[42] Isaac, Jean Rael: Israel Divided: Ideological Politics in the Jewish State, p. 5

[43] Ben- Shlomo, Yosef: "In Defense of Settlement: An Interview with Professor Yoseph Ben- Shlomo," "Tikkun," Vol. 2, NO. 2, Spring 1987, p. 74

[44] Bar-On, Mordechai: In Pursuit of Peace: A History of the Israeli Peace Movement, p. 26

[45] Rabin, Yitzhak: *The Rabin Memoirs*, p. 104

[46] Sachar, M. Howard: A History of Israel. From the Rise of Zionism to Our Time, p. 644- 645

[47] Oren, B. Michael: Six days of War: June 1967 and the Making of the Modern Middle East, p. 312

[48] En sus memorias, "Mi guerra con Israel, En sus memorias, Mi "guerra" con Israel, el rey Hussein admitió que "estábamos mal informados sobre lo que ocurrió en Egipto cuando los israelíes atacaron las bases de la UAR... Estos informes -fantásticos por decir lo menos- tuvieron mucho que ver con nuestra confusión y falsa interpretación de la situación." El rey Hussein admitió que "estábamos mal informados sobre lo que ocurrió en Egipto cuando los israelíes atacaron las bases de la UAR... Estos informes - fantásticos por decir lo menos- tuvieron mucho que ver con nuestra confusión y falsa interpretación de la situación."

[49] El primer ministro israelí, Levi Eshkol, había enviado un mensaje al rey Hussein de Jordania a través del general Odd Bull, comandante de la ONU, en el que afirmaba que Israel no iniciaría hostilidades en el frente oriental. El mensaje terminaba así: "Israel no atacará, repito, no atacará a Jordania si ésta mantiene la calma. Pero si Jordania inicia hostilidades, Israel responderá con toda su fuerza."

[50] Meyer, Michal: "A City won by accident," *Jerusalem Post*, May 31, 2002, p. 4

[51] Megillah 17b

[52] Shapira, Anita: *Israel: A History* (Kindle loc. 6768)

[53] Fisch, Harold: The Zionist Revolution: A New Perspective, p. 91

[54] Sachar, M. Howard: A History of Israel: From the Rise of Zionism to Our Time, p. 787

[55] http://myesha.org.il/

[56] Jeffay, Nathan: "Losing a Mentor, Gaining an Opponent," "Forward," August 25, 2010

[57] Ibid.

[58] Zilber, Neri: "The Tent Protest: Israel's Social-Democratic Movement," "Dissent," August 3, 2011

[59] Jeffay, Nathan: "Losing a Mentor, Gaining an Opponent," "Forward," August 25, 2010

[60] Ibid.

[61] Srivastava, Mehull: "Naftali Bennett reaps reward for calculated rise to summit of Israeli politics," "Financial Times," June 9, 2021

[62] Filósofo israelí y coautor del Código Ético del Ejército israelí Moshe Halbertal. Citado por David Reminick: "The Party Faithful," "The New Yorker," January 21, 2013

[63] *Mafdal*: acrónimo para *Miflagah Datit-Le'ummit* (National Religious Party)

[64] Acrónimo de *Mifleget Poley Eretz Israel* (Workers Party of the Land of Israel)

[65] excepto por un breve período en 1974

[66] El partido religioso se uniría entonces a todos los gobiernos posteriores de Llikud, excepto el formado por Isaac Rabin en 1992.

[67] Shavit, Ari (*Haaretz, Friday Magazine*, March 22, 2002) in Amon, Moshe: "Terrorism and Political Violence," Vol. 16, Spring 2004, Number 1, pp.53-54

[68] Goldberg, Jeffrey: "The New Yorker," May 31, 2004, pp. 58- 59

[69] Un foro de todos los miembros del partido con derecho a voto

[70] Ben Zion, Ilan: "Jewish Home MK calls for a Third Temple in Jerusalem," "The Times of Israel," 30 July 2012

[71] Ben Zion, Ilan: "Jewish Home MK calls for a Third Temple in Jerusalem," "The Times of Israel," 30 July 2012

[72] Orlev, que en su día manifestó sus intenciones de ser primer ministro, tras perder las primarias anunció su renuncia a la política.

[73] Callick, Rowan: "Thoroughly modern minister Naftali Bennett looks east for Israel's future," "The Australian.com," December 20, 2012

[74] Asa-El, Amotz: "Middle Israel: Voters shoved entire political system into the bag of cats," "The Jerusalem Post," October 4, 2019

[75] Ettinger, Yair: "Naftali Bennett - Not What the Religious Zionists Expected," "Haaretz," Mar. 13, 2013

[76] Una ciudad de clase media-alta al norte de Tel Aviv, en el propio Israel.

[77] Bennett, Naftali: "An Hour with Naftali Bennett: Is the Right-Wing Newcomer the New Face of Israel?" "Time," Jan. 18, 2013

[78] Ibid.

[79] Wiener, Julie: "Who is Ayelet Shaked, Israel's new justice minister?" "The Times of Israel," Friday, May 8, 2015

[80] 1865-1935

[81] Agus, J. B.: Guideposts in Modern Judaism, p.36

[82] "The Economist," January 5th, 2013, p. 36

[83] Mualem, Mazal: "Netanyahu's New Strongman," "Al-Monitor," March 15, 2013

[84] "The Movement"

[85] "There Is a Future"

86 on August 28, 2012
87 Bennett, Naftali: "Bennett: I'm more right-wing than Bibi, but I don't use the tools of hate," "Times of Israel," 24 February 2021
88 Caspit, Ben: "Lapid-Bennett Alliance Shakes Up Israeli Politics," "al-Monitor," March 5, 2013
89 Bennett, Naftali: "Bennett: I'm more right-wing than Bibi, but I don't use the tools of hate," "Times of Israel," 24 February 2021
90 Vick, Karl: "An Hour with Naftali Bennett: Is the Right-Wing Newcomer the New Face of Israel?" "Time," Jan. 18, 2013
91 los ultraortodoxos, que no sirven en el ejército y dependen en gran medida de la asistencia social
92 Bennett, Naftali: "An Hour with Naftali Bennett: Is the Right-Wing Newcomer the New Face of Israel?" "Time," Jan. 18, 2013
93 Miller, Emanuel: "Who Is Israel's New Prime Minister Naftali Bennett?" "Honest Report," June 16, 2021
94 Gur, Haviv Rettig: "Western Wall egalitarian plaza greeted with skepticism," "The Times of Israel", 25 August 2013
95 Heilman, Uriel: "On Israeli religious reforms, Naftali Bennett still figuring out road map," "JTA," Nov. 19, 2013
96 Gur, Haviv Rettig: "Western Wall egalitarian plaza greeted with skepticism," "The Times of Israel", 25 August 2013
97 En Agosto 20, 2014
98 Hussam Qawasme, considerado el cabecilla del secuestro, fue detenido por Israel y condenado. Los asesinatos provocaron un ataque de venganza en el que tres israelíes de derechas secuestraron y asesinaron a Mohammed Abu Khdeir, de 17 años.
99 Erlanger, Steven and Kershner, Isabel: "Israel and Hamas Trade Attacks as Tension Rises," "The New York Times," July 8, 2014
100 Harel, Amos; Ettinger, Yair and Lior, Ilan: "Former IDF Chief Rabbi Suspected of Leaking Secret Gaza War Info to Bennett," "Haaretz," Sep. 16, 2014, Updated: Apr. 10, 2018
101 Ibid.
102 Ibid.
103 Carmeli, Gilad: "Cabinet minutes reveal failure to detect escalation on eve of 2014 Gaza war," "Ynet News.com", 02.28.17
104 Bennett, Naftali: "An Hour with Naftali Bennett: Is the Right-Wing Newcomer the New Face of Israel?" "Time," Jan. 18, 2013
105 Ibid.
106 "Bennett, Lapid offer conflicting views on peace," "Jerusalem Post," June 21, 2013
107 Ibid.
108 "Catch- 67: The Left, the Right, and the Legacy of the Six-Day War, did not deal with the Israeli-Palestinian conflict, only the broken Israeli discussion about the conflict." Goodman, Micah: "Eight Steps

to Shrink the Israeli-Palestinian Conflict," "The Atlantic," April 1, 2019

[109] Goodman, Micah: "How to Shrink the Israeli-Palestinian Conflict," "The Atlantic," January 28, 2021

[110] Goodman, Micah: "Eight Steps to Shrink the Israeli-Palestinian Conflict," "The Atlantic," April 1, 2019

[111] Pfeffer, Anshel: "Naftali Bennett, Next Israeli PM: The Man Behind the Slogans and Stereotypes," "Haaretz," Jun. 13, 2021

[112] Bennett, Naftali: 2017 Fathom Interview with Naftali Bennett," Winter of 2017

[113] Bennett, Naftali: "For Israel, Two-State Is No Solution," "The New York Times," Nov. 5, 2014

[114] Ibid.

[115] Kessler, Oren: "The Meaning of Israel's First Religious Prime Minister," "Foreign Policy," June 7, 2021

[116] Srivastava, Mehull: "Naftali Bennett reaps reward for calculated rise to summit of Israeli politics," "Financial Times," June 9, 2021

[117] Ziv, Guy: "Can Bennett, a Right-wing Provocateur, Save Israel's Democracy?" "Haaretz," Jun. 13, 2021.

[118] Douek, Daniel: "Lawmaker backs segregated Jewish, Arab maternity wards," "The Times of Israel," April 2016

[119] Ibid.

[120] "In scathing statement, Bennett rejects union with Otzma Yehudit," "The Times of Israel," 15 January 2020

[121] Jeffay, Nathan: "Losing a Mentor, Gaining an Opponent," "Forward," August 25, 2010

[122] Bennett, Naftali: "For Israel, Two-State Is No Solution," "The New York Times," Nov. 5, 2014

[123] Bennett, Naftali: 2017 Fathom Interview with Naftali Bennett," Winter of 2017

[124] Lubell, Maayan: "For Habayit Hayehudi, an independent Palestine amounts to 'suicide' for Israel," Haaretz," Feb. 26, 2015

[125] Bennett, Naftali: 2017 Fathom Interview with Naftali Bennett," Winter of 2017

[126] Bennett, Naftali: "Bennett: I'm more right-wing than Bibi, but I don't use the tools of hate," "Times of Israel," 24 February 2021

[127] Coren, Ora: "Naftali Bennett Has Transformed Israel's Trade Ministry, Both in Name and in Agenda," "Haaretz," May 19, 2013

[128] Sherwood, Harriet: "Interview Naftali Bennett interview: 'There won't be a Palestinian state within Israel'" "The Guardian," Mon 7 Jan 2013

[129] Callick, Rowan: "Thoroughly modern minister Naftali Bennett looks east for Israel's future," "The Australian.com," December 20, 2012

130 Bennett, Naftali: "Putting All Israelis to Work," "The New York Times," Feb. 13, 2014

131 Bennett, Naftali: "An Hour with Naftali Bennett: Is the Right-Wing Newcomer the New Face of Israel?" "Time," Jan. 18, 2013

132 "What is Bennett's 'Singapore Plan' for the Israeli economy?" "Allisrael.com," March 14, 2021

133 Bennett, Naftali: "Bennett: I'm more right-wing than Bibi, but I don't use the tools of hate," "Times of Israel," 24 February 2021

134 Prime Minister Benjamin Netanyahu, Jerusalem, December 2, 2014

135 Lo que la tradición llama *K'lal Yisrael.*

136 "La convicción de Kook de que la providencia divina estaba actuando en los cambios que estaban provocando los secularistas; sobre todo, el renacimiento judío en la tierra de Israel." Sacks, Jonathan: <u>One People? Tradition, Modernity and Jewish Unity</u>, p. 182

137 Winer, Stuart: "Jewish Home approves major party changes," "The Times of Israel," 11 September 2014

138 Levinson, Chaim: "Bennett Moves Habayit Hayehudi Ticket Slightly to the Left," "Haaretz," Jan. 28, 2015

139 Levinson, Chaim: "Soccer Star Eli Ohana Quits Habayit Hayehudi, Amid Criticism," "Haaretz," Jan. 29, 2015

140 Asa-El, Amotz: "His first great misstep: The humbling of Naftali Bennett," "The Jerusalem Post," January 31, 2015

141 Rosenberg, Yai: "Why Naftali Bennett Decapitated the Settler Right and What It Means for Israel's Future," "Tablet Magazine," January 15, 2019

142 Mualem, Mazal: "The 'Bennett and Shaked' brand: Israel's political stars fall to earth," "Al-Monitor,"April 17, 2019

143 Margalit, Ruth: "How the Religious Right Transformed Israeli Education," "The New Yorker" August 23, 2019

144 Miller, Emanuel: "Who Is Israel's New Prime Minister Naftali Bennett?" "Honest Report," June 16, 2021

145 *Ibid.*

146 Henri Lévy Bernard: "Pondering, Discussing, Traveling Amid and Defending the Inevitable War," August 6, 2006

147 Mualem, Mazal, "Netanyahu critic wins prestigious literary award," "Al-Monitor, June 16, 2017

148 Goldberg, Jeffrey: "The Atlantic," May 2008, pp. 42- 43

149 Sharon, Jeremy: Chief Rabbi Yosef: Science, math are nonsense, study in yeshiva instead," "The Jerusalem Post," June 30, 2021

150 Wootliff, Raoul: "Bennett, Shaked quit Jewish Home, announce formation of 'The New Right'," "The Times of Israel," December 2018,

[151] Gottesman, Evan: "Israel's Right Ascendant," "Israel Policy Forum," February 13, 2019

[152] Magid, Jacob: "How did 2 of Israel's most prominent ministers end up outside the 21st Knesset?" "The Times of Israel," 12 April 2019

[153] "Leaked recordings reveal Sara Netanyahu's efforts to sabotage URWP-Shaked merger," "Times of Israel," July 2019

[154] Miller, Emanuel: "Who Is Israel's New Prime Minister Naftali Bennett?" "Honest Report," June 16, 2021

[155] Eldar, Shlomi: "Israel's defense minister rises to the COVID-19 threat," "Al- Monitor," April 2, 2020

[156] *Ibid.*

[157] *Ibid*

[158] *Ibid.*

[159] Caspit, Ben: "Is Israel ready for a religious prime minister?" "Al Monitor," August 11, 2020

[160] Klein Halevi, Yossi: "Why this fractious coalition gives me hope," "The Times of Israel," June 14, 2021